増補・改訂版

北海道の逆襲

眠れる“未来のお宝”を
発掘する方法

井上美香

言視舎

はじめに

▼カタツムリの北海道感

これから北海道について、お話をしようと思います。しかし、その前にお断りしておかなくてはならないことがあります。筆者は北海道生まれの北海道育ち、そして今も北海道で暮らしています。一度も道外に出て暮らしたことがありません。

「ふるさとは遠きにありて思うもの」なのでしょうが、筆者の場合、そのような郷愁を北海道に対してはもっていません。筆者にとっての北海道は、あくまでも現在進行形であって、それを第三者的あるいは理性的〔クール〕に捉えることにはおのずと限界があります。

その感覚をたとえるなら、妙なたとえですが、筆者がカタツムリだとして、北海道はその背中にしょった巻貝のようなものかな……と思います。カタツムリって、貝殻と生身の体が一体化しているでしょう。貝殻は肉体と片時も離すことができないけれど、肩がこるし鬱陶しい存在。ほとんど宿命的というか、骨がらみです。筆者にとっての北海道も、まさにそんな感じなのです。

そういえば、カタツムリと似た生物にヤドカリがいます。彼らは住み替え可能です。背中に背負った宿が小さな巻貝のときもあれば、ペットボトルの蓋なんて場合もあります。道外に出て暮らす人はみなヤドカリ体質の方々です。というか、そんな生きかたこそノーマルなのかもしれませんが、いかんせん筆者の場合、カタツムリ的人生を長いこと生きてしまいましたから、「離れてみると、最初の宿（北海道）が一番だったな」とか、「あんなむさくるしい宿（北海道）を出て、ほんとにすっきりした」なんていう感想を持ちようがないんです。

ですから本書は、比較文化論や地政学的文化論を研究される学者さんや評論家の皆さんのような客観的視点からは書かれていません。あくまでも独断と偏見、偏愛に満ちたものであるということをお断りしておきます。

そのことを充分に自覚し、北海道を自制的に冷静に眺めてみたい。そして最後は、やっぱり北海道って愛すべき宿（大地）じゃないかと誇ってみたいとも思っています。

筆者が語りかける相手は二人です。一人はコテコテの道産子。そしてもう一人は、北海道を遠くからしか知らない内地の人。だから、ときには北海道人にとって当然の日常を、しつこく説明する場合も出てくるかもしれません。その点はご了承ください。

それではぼちぼちと、思いつくところから作業を始めることにいたします。

▼道民は自らを異質化したい

みなさん、北海道と聞いて何を連想するでしょうね。やはり最初に浮かぶのは、寒い北国というイメージだと思います。でも北海道って、世界地図でみるとそんなに北でもないんですよ。たとえば、札幌とほぼ同緯度に位置するのが、イタリアのミラノやヴェニス、南仏マルセイユと聞けば、印象はずいぶん変わるでしょ？　パリやイギリスは樺太（サハリン）と同緯度ですから、かの国々からみれば北海道は南に位置する国になります。北海道を北の辺境とみなすのは、関東・関西から進発した日本特有の視点です。しかも、戦前の北海道は「北の辺境」じゃなかったんです。その先には、まだ樺太がありましたから。

筆者の母方の祖父母は、戦後南樺太からの引揚者です。二人の出身は福島県ですが、祖母は生前、「じいさんにだまされて海を二つも越えてしまった」とよく言っておりました。つまり、津軽海峡と宗谷海峡を渡ったということなのでしょうが、この時、祖母は二度と故郷へは戻れないと覚悟したようです。

いまや遠い存在の南樺太ですが、かつては日本の領土でした。1905年に日露戦争で勝利した日本は、ポーツマス条約でロシアから樺太の南半分を割譲されます。ところが1945年の敗戦で、南樺太は旧ソ連に占領され、いまに至っているわけです。割譲後にそこで生まれた人は、そのとき40歳ですから、身体的感覚としては決して短くない期間だと思います。それは翻っていえば、戦後に、樺太や北方領土で暮らしてきたロシア人にもいえることですよね。領土問題は、だから一筋縄ではいかないのです。

北海道文学館の名誉館長・木原直彦氏の著作に、『樺太文学の旅』という作品があります。それを読むと戦前、実に多くの作家が樺太を訪れていたことがわかり、驚かされます。ほとんどブームといっていいほどで、北海道はそのための中継地といった扱いで、なんとも影が薄い。あの宮沢賢治だって、樺太でセンチメンタルジャーニーしています。

そんな樺太を戦後に「失った」（ソ連に実効支配された）ことで、北海道は自ら異質化・特殊化していったのだ、と看破したのは文化人類学者の梅棹忠夫大先生です。しかも北海道人は「異国性と辺境性を売ることによって、いっそうふかい内地化をおこないつつある」（『北海道独立論』）と指摘するのですから、これにはガツンとやられました。道産子の屈折した二重意識をぐいっと鷲摑みされて、表に引きずりだされたような気分に陥りました（ちなみに「内地」というのは、北海道を日本の〝外地〟と自認する道民が本州を呼ぶときの呼称です）。

異質性って、全く違う対象には見いだされないんですね。同じ種族同士だからこそ、鼻が高いだの、目が小さいだのとその違いが強調される。黒人と黄色人だったら、いちいちその異質性を問う必要がないでしょ。北海道は自ら「違い」を強調することで日本化しているというわけ。

この一文を梅棹氏が書かれたのは、１９６６年のことですけれど、この時と今も北海道はあまり変わっていないと筆者は思います。

北海道人って、なんだかへんてこりんで面倒くさい人たちなんです。これからじっくりと、そんな北海道人の生態をあかしていきたいと思います。まずは筆者の実体験から始めましょう。

目　次

はじめに　3
カタツムリの北海道感　道民は自らを異質化したい

第1章　おおらかな人々が暮らす大地

1　男と女の北海道的イメージ　14
どこの馬の骨かわからないらしい　地縛霊はじいちゃんとばあちゃん　女性に象徴される北海道のイメージ　ピュアを売り物にする〈雑〉な北海道　居酒屋とソープが同居するススキノの〈雑〉　なぜ、北海道の女は日本一タバコを吸うのか　咥えタバコの深層　北海道の男は、黙ってサッポロビールを飲む　北海道の「食」は本当に美味いのか

2　「ゆとり教育」先進地？　31
学力最低でも北海道的余裕は揺るがず　道内高校生が目指す大学最高峰は東大じゃない、断然、北大だ！

3　札幌の3大まつりに見る道産子気質　37
イベント化した北海道神宮例大祭　「ヤンキー」がキーワードのYOSAKOIソーラン祭り　大人は行かない雪まつり

第2章　住んでみたい土地ナンバー1!?

住んでみたい≠住みやすい

1　「非日本」的な北海道の歳時記　47
(1)　春事情
北海道の汚く長い春　春を実感させる〈短靴〉
(2)　夏事情
道産子的海水浴事情　道産子なら知ってる「子ども盆おどり唄」　ビアガーデンで短い夏を謳歌　ブラキストン線的幸福――害虫事情
(3)　秋事情
生態学的な冬ごもりの準備　秋の無粋〈観楓会〉
(4)　冬事情
ロマンチックでやっかいな雪　雪道を走るタクシードライバーさん！　あなたは偉い！　今も残る「石炭手当」　寒さに弱い北海道人の怪　寒さに抗する女学生の生足　ハレの大晦日、ケの正月

2　大地と大空の間で　72

（1）東京に10年以上行かない理由

東京に行かなければ？〈千歳―羽田間〉乗客数900万人の真実　近くて遠い道内旅行　歴史のない町を活性化する方法

（2）田舎と過疎は違う

「北の国から」の舞台は過疎地だった　過疎地暮らしはつらいよ　札幌人は歩くのが大嫌い

3　依存体質といわれ続けて　86

北海道の永遠なる持病　談合の歴史を守る北海道開発局　立派な道路が死亡事故を多発させる　巨大な釣り堀と化す港

第3章　北海道の逆襲～北海道に眠る未来のお宝たち

未来のお宝たちを探せ

1　やっかいな雪と氷を利用する　97

北極海航路開通に一大チャンスあり　世界でも稀な雪国の大都会　雪で冷やす、雪で保存する　クラウド天国　自然エネルギー供給地（風力には騒音被害も）　太陽光発電が苫東を変える!?

2　森林からの逆襲　109

森林王国北海道の衰退　世界に誇る道産材と旭川家具

3 新幹線の逆襲 116
北海道新幹線は道民の長い夢だった!? 鹿児島まで行って、なぜ稚内まで行かないの

4 宇宙開発を先どる――過疎の街から宇宙を目指す 123
廃坑の街赤平の奇蹟――宇宙ロケット開発 小型化で低コスト、低燃費を実現 世界で唯二の無重力環境装置、コスモトーレ 「産学」協同のモデルケース 「過疎地」だからこそできる夢の学校

5 北海道大学の底力 129
待望のノーベル賞受賞が もう一人、受賞確実の候補者がいた

6 旭山動物園の大逆転 132
旭川のイメージを変え、日本一の人気動物園に エキノコックスで廃園の危機 再生は14枚のスケッチから

7 スポーツ天国――秘密は全天候型施設にあった 138
ドームが呼んだもの 短距離の女王、福島の活躍を支える縁の下 世界へ飛躍する馬産家の血統

8 食の逆襲 143
北海道庶民の味 ジャガイモ王国を支えた民の力 カルビーのポテトチップス戦略 さかのぼれば「男爵いも」 至福の味わい生イクラ 開拓の歴史と歩を合わせてきたタマネギ トウモロコシならぬトウキビへの偏愛 道民の台所を救うホッケ 北海道スイーツVS老舗スイーツ 「千秋庵」からの流れ 日本が誇るブランド「夕張メロン」 まずい米からの脱却 北海道の稲作技術が海を渡った

9　文芸の逆襲――物語の生まれる土地　165
小説家と小説が生まれる大地　漫画家を輩出する土壌　映画ロケ地としての可能性

第4章　北海道は日本じゃない!?
北海道独立論への誘い　172
底の知れない北海道　北海道独立は幻想か？　北海道は日本の頭だ　殻を脱ぎ捨てよう

あとがき　179
「逆襲」から5年後のいま思うこと――改訂版に寄せて　182
参考文献　186

第1章 おおらかな人々が暮らす大地

1　男と女の北海道的イメージ

▼どこの馬の骨かわからないらしい

いまから、10年ほど前の話になりますが、北海道人であることを興味深く考えさせられるできごとがありました。

筆者の後輩A子の体験なんですが、まあ聞いてください。A子には結婚を約束した恋人がいました。京都出身の彼は、札幌に転勤した際、A子と知り合ったわけです。

付き合ってから1年くらい経った頃、A子が「いよいよ、京都のご両親に二人で挨拶にいくの」と嬉しそうに話してくれました。それはめでたいと筆者が喜んだのも束の間、ある晩、A子から浮かぬ声で電話がありました。突然彼氏が、京都行きを待ってくれといってきたというのです。

その理由を聞いて、筆者はぶったまげました。彼の両親が、A子の実家の家系図を見てからではないと彼女には会わない、と言い出したというのです。つまり、家系図の内容によって、A子が息子にふさわしい嫁か否かを判断するというわけです。

「まさか、彼氏の実家って皇族とか由緒あるお家柄なわけ？」と筆者が問うと、父親は普通の会社員だし、母親も平凡な専業主婦らしいとのこと。

A子はため息まじりにこういいました。

「彼がいうには、北海道出身ってだけで、向こうじゃどこの馬の骨かわからないって思われるんだって……」

筆者は呆れて言葉を失いました。だって、今は平成の世ですよ。もはや北海道は流刑地でもなんでもなく、札幌にいたっては１９０万の人口を抱える大都市なんですから。

こんな理不尽な親を持つ男を好きになったA子が不憫でなりません。そして、A子には直接言いませんでしたが、親も親なら、A子に向かって「どこの馬の骨かわからない」という修辞句を平然と使う彼氏の神経も、まったくどうかしています。

結局、彼の両親の態度にA子の両親も怒りだし、話はこんがらかり、京都行きは延びに延びた挙げ句、彼女曰く「向こうの家に家系図を叩きつけてやった」頃には愛も冷め、二人は別れてしまいました。

「こんな料簡の狭い男と結婚していたら、A子はもっと不幸になっていたかもしれない。ああ、可愛い後輩が、あんな一族の嫁にならなくてよかった」。そう、今しみじみと思います。

もちろん、A子のような事例はそう滅多にないことだとは思います。

でも、こういう出来事を知ると、実感として思い知らされずにはいられません。〝あちら〟からすれば、北海道っていまだ「外地」というイメージなのだなと。だって、あちらは1500年の歴史、こちらは、その外地となってからわずか140年の歴史（もちろんその前から北海道にはアイヌと「和人」たちの歴史はあるんですけれど）しかないわけですからね。

でも、日本の都道府県でこのような屈辱的要求をされるのは、たぶん北海道だけでしょ。沖縄？琉球王族の末裔なら、逆に珍しがられて歓待されると思います。北海道はアイヌであれ、出稼ぎや流民、開拓民をとわず、北海道に住んでいるというだけで、何か大きなバイアスがかけられてしまうんですよね。

▼地縛霊はじいちゃんとばあちゃん

NHKの人気番組に『ブラタモリ』という番組があります。あれ、大好きなんですよ。タモリが古地図を持って東京の街に出て、ここは江戸時代に川が流れていたとか、ここは参勤交代の大名行列が通った道だとかいって、現在と過去の情景を重ねながら、かつての街の痕跡を訪ね歩くという番組です。でも、これを北海道でやろうとしても、すぐにネタが尽きてしまうはずです。それくらい「歴史」が浅いんですよね。

筆者はいま、札幌の都心部から地下鉄で片道5分ほどの場所に住んでいます。ススキノからだって、ほろ酔い気分で歩いても30分で家に着いてしまいます。東京人の感覚では超都心ですよね。

ここは、もともと祖父母の土地でした。60年前にここに家を建て移り住んだのです。では、祖父母が住む前に誰が住んでいたかというと、誰も住んでいません。なんにもない野っ原だったのです。

おそらく、その土地に人が住んだのは祖父母の代が初めてだと思います。ということは、母が二代目、そして筆者の代でようやく三代目にしかならないのです。人里離れた山中ならいざしらず、これだけ都心に近い場所にもかかわらず、人間が60年しか住んでいないというのは他県ではありえない話でしょう。

でも、北海道は、道南や沿岸の一部、アイヌの集落を除けばこんな土地ばかりなのです。土地に人間の歴史がない。つまりは、地縛霊といった怨霊や神様などが棲むような時間的地層がないのですから、因習もへったくれもありません。

もし仮に、地縛霊なんてものが存在するなら、筆者の住む土地の最初の怨霊となるのは、筆者の先祖（せいぜい古くて三代前）ということになります。これじゃ出てきても、あんまり怖くないでしょうけど。

▼女性に象徴される北海道のイメージ

しかし、だからこそ「北海道は自由の天地であり、自然も人間も開放的で羨ましい」という人も少なくありません。この北海道に対するイメージが、筆者にとってはホントに鬱陶しいんですよ。

そうそう筆者も以前、こんな経験をしたことがあります。

「北海道の女の人って、誰とでも気楽にソウなれるんですってね」。

十数年前、筆者にこう言い放ったのは、東京から仕事でやってきたとある大物漫画家の息子です。

北海道の大自然は開放的だから女性の貞操観念も稀薄、というのじゃあまりに単純すぎると思いませんか。

でも、こうした〈北海道女＝下半身も開放的〉という構図は、意外にも広く浸透しているようです。県民性ブーム火付け役の一人、岩中祥史（彼は北海道人じゃありません）が書いた『札幌学』（新潮文庫）でも、北海道女は言われ放題です。

道内の離婚率が高い原因は、共稼ぎが多いからで、「妻が浮気する可能性」を無視できないと指摘します。さらに「（北海道女は）内地の女性では考えられないくらい迫力もあるから、女性との付き合いに習熟していない男性は、その勢いに押され結婚する（してしまう）ことになるのかもしれない」というのです。

やれやれ。これじゃ北海道女は、男を食らうアマゾネスではないですか。

これに比べて、同じ北国でも東北地方はイメージがずいぶん違います。耐え忍ぶ薄倖の美女といえば、東北の女性です。

演歌の世界でも、北のはずれは、宗谷岬じゃなく、青森県の竜飛岬（＠津軽海峡冬景色）ですし、「吹雪まじりに汽車の音」が「すすり泣くように」（＠北の宿から）聞こえてしまうのは、川端康成じゃないですが、トンネルを越えたその先に最果てがあるからなんです。だからこそ、恋人への未練がねっとり糸を引くわけです。

ところがこの情緒は海峡を渡るときにぷっつりと切れてしまいます。北海道は異国であり、そこには開放的ですぐヤレル（失礼！）女がいる　非日常的開放感を求める男は、こうして北海道に都合のいい幻想を持ちこむわけです。出張族最大の楽しみとなっている、ススキノの風俗店でのスキンシップも、そうした幻想を増長させているのかもしれません。

でも、ここはカッとならずにその理由を冷静に考えてみました。先にも述べましたが、こうした印象を持たれる根拠は、なんといっても北海道の広大さと自然の厳しさに起因しています。そしてその自然こそが、内地人にとって規格外のスケールを持つからなんです。

▼ピュアを売り物にする〈雑〉な北海道

おそらく内地人は、北海道の大自然に対する羨望と驚嘆の裏返しとして、ほんの少しだけ北海道人に対して侮蔑心を抱くのではないでしょうか。手つかずの自然は文明とは相反します。つまり、北海道は〈非文明的大地〉ってことなのです。

内地人はよく、「北海道人は大らかだよね」とか、「北海道の人ってホント、細かいことにくよくよしないよね」と口にします。でも、これが曲者。一見、楽観的でポジティブなイメージですが、その裏には大雑把、無思想、粗雑など侮蔑的な形容詞が隠されていると筆者は睨んでいます。

たしかに北海道は、アイヌたち先住民から土地を奪い築いた雑居地であり、道産子は郷土意識の薄い根無し草といってもいいのです。

米にたとえれば、ブランド米に対する雑穀と同じです。〈雑〉は、「まじる、あつまる」と共に「いやしい、価値の低い」という意味を持ちます。これが、北海道人に対して内地人が抱いている〈無意識〉だと思います。

でもね。こうした偏見には反論したくなるんですよね。純粋って本当にいいことでしょうか、って。純とは、無変化かつ出口のない世界であり、〈雑〉こそが人間の好奇心を刺激するのだと筆者は考えます。その意味で、実は東京こそが日本最大の雑居地なのだと思います。

では、北海道はホントに〈雑〉なのか。それは残念ながら、NOです。道産子は、その劣等感ゆえにいまやそれを放棄してしまいました。自然も食も人間も、ピュアを売りにするだけの平板で薄っぺらな存在になり下がってしまったのです。

「でっかいどー北海道」とか「試される大地」とか「北の大地××」とか、純朴かつ単純で飾り気のないイメージばかりを売りにするのは、いい加減うんざりしてしまいます。

だからこそ筆者は、「道民よ、いまこそ雑穀的精神を取り戻せ」といいたいのです。北海道の女＝アマゾネス、大いに結構ではないですか。

ちなみに、前述した大物漫画家の息子氏の質問には、「そうですよ、誰とでも握手する感じでできますよ」と答えておきました。その晩、彼がどこに消えたかは不明です。

▼居酒屋とソープが同居するススキノの〈雑〉

北海道の〈雑〉といえば、筆者はすぐにススキノを思い出します。ご存知、北海道最大の歓楽街ですが、ここは全国と少し様子が違うようなのです。

以前、ある飲み会の会場へ行こうとしてこんなことがありました。目指す店はススキノのど真ん中。老若男女が行き交う交差点の一角に建つ、8階建てビルの3階に入居する北海道料理の店です。狭いエレベータに乗ると、後から続いて2人連れの男とひとりの男の3名が乗ってきました。

エレベータボタンで3のボタンを押した筆者は、「何階ですか?」と同乗した男たちに聞きました。エレベータ内でのこのようなやり取りはよくありますよね。でも、この時ばかりはそう聞いてから、しまったと思ってしまいました。

というのも、このビルは一般飲食店と風俗店が雑居するビルだったんです。実は、これが内地人には驚くべきことらしいのです。ごちゃごちゃしているカオス的な街・東京ですら、意外にも一般的飲食店と風俗店は住み分けされているそうですが、ススキノの場合、どうもこのラインが非常に曖昧なのです。

エリアが狭いということも一因でしょう。さらに、不景気でテナントが空き、そこにどんどん風俗店が侵食してきた事情もあるのかもしれません。ビル会社だって背に腹は換えられないわけですから。

さて、エレベータの男たちは、筆者が掛けた声を無視して、無言のまま背後から肩越しに手を伸ばしてボタンを押しました。二人連れは5を、もう一人は7のボタン。案の定、5階はキャバクラのフロア、7階はソープのフロアでした。

もともとススキノは、開拓使公認の遊郭から発展したという歴史があります。この街が性風俗店に対して意外に柔軟なのは、そんな気風がいまも流れているからなのでしょうか。

ともかく、ススキノの雑居ビルにお越しの際は、くれぐれもエレベータの行き先ボタンを押してあげるなんて親切心を起こさないことです。

▼なぜ、北海道の女は日本一タバコを吸うのか

唐突ですが、筆者は非常に目がいい。そのためか、車で通勤する際に対向車線や信号待ちで止まった隣の車の運転手の顔や姿がはっきりと目に入ってくるんです。妙な服装だったり、ハンバーガーをかぶりついた姿だったり、異様に座高が高かったり……。そうしたなかでも筆者が不快な気分に陥るのが、咥えタバコをする女性ドライバーです。しかも、とても多いんですよ。

マイカーを個室とみなす人間がいます。自分の部屋と見紛うように車内を飾りつけたり、外に漏れるほどの大音量で音楽を流すのはそういった心理によるものに違いありません。

さらに、単独ドライブは、仕事や人間関係から離れ、きらくに「孤独」を楽しめる場としても機能します。そんな車内＝個室派が、咥えタバコ女の正体なのでしょうか。

日本たばこ産業の統計によると、北海道女性の喫煙率は女性喫煙率の全国平均が12・9パーセントのところ、20・3パーセントとかなりの高さで知られます（しかも38年連続で全国一なのですから、これはこれでその理由を探らねばならないですね）。つまり、絶対数も多いのだから、咥えタバコの女性をみかける率も相対的に上がる、ともいえます。

しかし、北海道の喫煙率は、男性だって全国2位なのです。にもかかわらず、咥えタバコで運転する男性はあまり見かけず、女性ばかりが目立つのはなぜなのでしょう。

嫌煙傾向の強い昨今、会社や公衆の面前で女が煙草をスパスパ吸うのは、なかなか勇気のいることだと思います。だからこそ、車中での一服は、彼女たちにとって何よりもリラックスできる瞬間なのかもしれません。

▼咥えタバコの深層

しかし、咥えタバコをする理由は、それだけではないと筆者は考えます。

咥えタバコというのは、どうしても手が離せないときにするものであって、運転中にわざわざするものではないでしょ。男性の喫煙者に聞いたところ、彼らも運転中にタバコを吸うが、吸ったタバコはすぐに灰皿に戻すと語っていました。灰は落ちるし、煙が目にしみるのだそうです。

筆者から見れば、彼女たちは他者の視線を意識しているとしか思えません。誰かにタバコを咥えながら運転する自分の姿をみてもらいたいのです。

これまで多くの咥えタバコ女を見かけてきましたが、彼女たちに共通しているのは、いかにもやさぐれたような女性ではなく、OL風の地味なタイプが多いということです。

おそらく彼女たちは、きちんと仕事も家事もこなす真面目な女性たちに違いありません。しかし、そんな彼女たちも、車という自分の城を持った途端、自分を縛る様々なもの（会社、制度、男や夫、子ども）への小さな反逆的意識が生まれるのではないでしょうか。

その心情が、タバコを彼女たちに咥えさせ、ガラス越しに公道上で蓮っ葉なその姿をさらすことによって、何かしら日ごろの鬱憤を晴らしているように思えるんです。

写真家アラーキーのもとには、ヌード撮影を希望する人妻からの依頼が後を絶たないと聞きますが、咥えタバコ女の心情はその変種ではないかと思っています。つまり、微妙に性的な匂いもしてくるんですよね。

日常を逸脱したいという願望は誰にもあります。その自己表現が女性「性」を強調する方向ではなく、中性化、あるいは男性化へと向かったのが、咥えタバコ女の正体ではないかと筆者は考えています。

北海道は男女平等的社会といわれています。明治の開拓期から、女性は男性と一緒になって、厳しい自然の中で働いてきたから、というわけです。

確かに、さきほどの『札幌学』じゃありませんが、「北海道の女性は強い」というイメージは根強いものがあります。しかし、いくら強くても、女性は女性。弱い存在なのです。筆者が咥えタバコ女を見るたび不快な気分に陥るのは、女性であることへの過剰な自意識の反転が、そうした態度から透けて見えるからかもしれません。そして、筆者の中にもそうした志向があるからこそ、彼女たちに対して敏感に反応してしまうのだと思います。

とはいえ、北海道の季節の半分は雪が降ります。容赦なく降り続ける雪のベールは、車内をますます外界から孤立させ隔離します。そうなれば、目のいい筆者とて、もはや咥えタバコ女もなんにもみえないんですけれどね。

▼北海道の男は、黙ってサッポロビールを飲む

では、北海道の男ってどうなんでしょう。

古い話ですが、「男は黙ってサッポロビール」というCMのキャッチコピーがあったのを覚えていますか。テレビで流れていたのは70年代前半のことで、三船敏郎がイメージキャラクターを務めていました。

あのキャッチコピー、北海道人はホントに好きです。CMが流れてからすでに40年近く経ちますが、いまだに道民の間では語り継がれていて、40代以上なら誰でも知っています。もしかすると彼らにとっては、「青年よ、大志を抱け」に次ぐ、北海道男子の永遠なるスローガンといえるかもしれません。

とはいえ、筆者もこのＣＭはリアルタイムで見た記憶はありません。この原稿を書くまで、筆者はこのＣＭに高倉健が出ていたと思い込んでいたほどです。北海道といえば、高倉健というのが筆者のイメージです。それゆえに、「黙ってビール」を飲むのも当然、健さんだと勘違いしていたわけです。

それは映画の影響と思われます。『鉄道員（ぽっぽや）』に始まり、『居酒屋兆治』『駅ＳＴＡＴＩＯＮ』『幸福の黄色いハンカチ』『遥かなる山の呼び声』『網走番外地』などなど、筆者がこれまでに観てきた高倉健主演の映画のほとんどが、北海道を舞台にしていたからです。

健さんは北海道が似合います。雪の降る寂しい路地が似合います。人気のない炭鉱街が似合います。寂れた道東の漁港が似合います。

でも三船敏郎では、少しイメージが違うんです。代表作は『七人の侍』や『羅生門』ですが、三船にはトリックスターともいうべき饒舌なイメージがどうしてもつきまといます。一方、健さんの印象は、言いたいことの半分もいえない「不器用」さにあります。喜びも哀しみも口には出さずに、「黙って」ビールのグラスを空けるというのが絵になる。つまり、寡黙さこそが健さんの真髄であり、同時に北海道の男のイメージでもあるのです。

「粋」は媚態と意気地と諦めで構成される、と言ったのは哲学者の九鬼周造ですが、「寡黙」は媚態に代わって人情に対するストイックな緊張感がなければ成立しないと思うのです。

その点、三船敏郎は粋であり、健さんは野暮といえるかもしれません。

北海道最大の歓楽街ススキノ

サッポロビール博物館に展示されていたポスター

では、北海道男はどうなのかというと、筆者が長年この北海道で見てきた、あるいは接してきた男たちには、口下手が多いのは確かです。しかし、それは寡黙さとは別のような気がするのです。北海道男は一見寡黙ですが、それはただの無口であって無骨。一枚皮を剥げば、甘えん坊で優柔不断（別名、「小心者」あるいは「優しい」ともいう）なだけの場合が多いというのが、筆者の経験則（たいした経験でもないですが）です。

北海道女がタバコを吸いたくなるのは、そんな自己制御のない男にイライラするからだったりもして……。

▼北海道の「食」は本当に美味いのか

さて、ビールの話題が出ましたが、酒に肴は欠かせませんよね。「♪肴は炙ったイカでいい～」と八代亜紀は歌いますが、やはり肴が不味ければ美味しい酒も進みません。

では、北海道へ来たら酒と一緒に何を食べたいか？

道外にいる知人友人に聞いてみたところ、一番多かったのはやっぱり寿司。北の海で揚がった魚介の握りをつまみながら、杯を傾けるのは最高だといいます。

でも、北海道の魚介はホントにうまいのでしょうか。

北海道特有の寿司ネタの王者といえば、サケとカニが浮かびます。でもサケは道産の刺身は滅多になく、主流は輸入サーモン。カニもほとんどがロシア産ですから、純粋な道産とはいえません。

北海道といえば魚介が豊饒というイメージがありますけど、実はあまりパッとしないのです。

それでも、地元で採れたてを食べるのは美味いものです。観光客ご用達の店でよくみかけるのは、器に溢れんばかりのウニ、イクラ丼、あるいは巨大ネタの寿司です。皆さん喜んで食べていますが、筆者はゲッと思ってしまいます。あんなもの、本当においしいわけないでしょ。

筆者の師匠筋は、「これじゃ、体はいいがベッドの上でトドのように寝そべるだけの女と一緒だ」と断言しました。さすが我が師です。「眠れる美女」（by川端康成）じゃあるまいし、眺めるだけならいいが、より美味しく食べようとするなら多少の工夫は必要ですよ。ところが、道内の寿司店の多くは素材頼りで、ネタの新鮮さだけで勝負している感があります。

結局、技と工夫を凝らした江戸前寿司には勝てない、と筆者は思います。

コブでしめる
柑橘類で香りをつける
漬ける
炙る
タレや煮切りを塗る
塩を振る

江戸前の技は、寿司が人の手によってはじめて料理になることを再認識させてくれます。

でも、ジンギスカンがあるって？　確かにビールにはよく合う料理ですが、残念なことに使われている羊肉のほとんどは輸入品です。しかも、ジンギスカン以外の料理法で羊肉を食べる習慣は、道民にはほとんどありません。役不足の感は否めません。

それでも、道外の方が抱く北海道の食のイメージは、道民が驚くほどよいようです。新鮮でクリーンで、なおかつ美味しいと誰もがいいます。だからといって、素材をただ切って並べるだけでは芸がありません。職人の技で食べさせる店がもっとあっていいはずです。

しかし、ここが難しいところ。食文化は、そこに住む人間が育てる以外にはありません。その技術を認め、それに見合う料金を支払うことなしに、優秀な職人は育たないのです。つまり文化にはお金がかかるわけです。なんでも自然（生）のままがいいと道民が思っているうちは、まだまだ無理でしょうね。

2 「ゆとり教育」先進地？

▼学力最低でも北海道的余裕は揺るがず

全国市町村の小6と中3の生徒が参加して開催される、文部科学省の「全国学力テスト」なるものがあります。2007年から始まったこのテスト、実は1956年から11年間実施されたのち途絶えていたもので、つまり40年ぶりに再開されたわけです。

最初の目的は、敗戦後の日本の教育に危機感を抱き、検証するためだったそうですが、その後テストは中止されてしまいます。教育方針が定まり、偏差値の導入で教育水準が底上げされたからです。国際比較学力テストでも、日本は毎年上位に入るまでになり、もう安心というわけだったのです。

ところが、バブルがはじけたあたりから、それまでの「詰め込み教育」は、いじめや登校拒否、校内暴力の元凶だとして、にわかに批判の的となりました。改革案として「ゆとり教育」が登場し、授業内容は3割カット、週休2日制も実現しますが、世界トップクラスだった学力はここから急落します。

今度は、子どもたちの学力が低下したのはゆとりがありすぎたせい、ということになり、「全国学力テスト」が復活しました。自信喪失気味の政府がデータ収集のために再開したことで、40年前のデータと現在の比較が実現し、それによって驚くべき結果が判明しました。かつて低位に甘んじていた東北各県が躍進し、特に秋田は全教科でトップ3を独占したのです。

一般的に下降とは手抜きを意味します。上昇するには始点（現状）と終点（目的）を明確に意識化しなければ無理なのです。東北各県の躍進は、きっと過去をしっかりと認識した結果であるに違いありません。

では、北海道はどうでしょう。情けないことに、07年から、どの教科も一度も上位に入ったことはありません。最下位とはいかないまでもつねにワースト5位内をキープしています。でも、そのことがことさら騒ぎ立てられた記憶はありません。なにせ北海道は、40年前の学力テストでも全項目でワースト5に入っている「実績」があります。つまり、北海道の教育レベルは40年以上、なーんにも変わっていないのです。

半世紀近くも最低ランクに居座り続ける北海道はすごい。これはある意味、北海道が根っからの「ゆとり」教育実践地であることの証といえるでしょう。

「ゆとり」とは「余裕」のことです。では、北海道の余裕とは何なのでしょうか。自分の「井戸」は、他より大きくて快適だと信じて疑わない、道産子特有の共同幻想だと筆者は思っています。もちろん、わたくしもその「井の中の一人」なのですが。

▼道内高校生が目指す大学最高峰は東大じゃない、断然、北大だ！

そんな北海道の子どもたちが目指す大学は、断然、北海道大学です。というか、東大や慶応などに進学するだけの能力があったとしても、彼らは最後まで、北大進学という選択肢を手放しません。つまり北海道において、北大は受験という峠に置かれた関所のようなものなのです。

ご存知のように、北大は明治9年に札幌農学校として出発しました。「ボーイズ・ビィ・アンビシャス」を叫んだクラーク博士が初代教頭です（たった8カ月しかいませんでしたが）。このクラーク博士の言葉は、北海道人にとって永遠のスローガンであり、したがって、この大学で学ぶことこそ誉であるという妙な価値意識が、道民にはいまもしっかり残っているんです。

北海道地場の学習塾大手に「株式会社進学会」があります。1976年に札幌で創業し、いまや全国に学習塾やスポーツクラブなどをチェーン展開する上場企業に育ちましたが、北海道での塾名は「北大学力増進会」といいます。道内の中高生でこの名を知らぬ者はいない、抜群の知名度を誇っています。

30数年前、筆者が中学生の頃は札幌市内でのみ展開する学習塾でしたが、人気は高く、多くの友人が通っていました。勉強にまったく無関心だった筆者でさえ、そこに入るだけで、あの北大へと続く秘密の通路が開けているような気がしたものです。

商売上、屋号というものは顧客の信頼度に大きな影響を与える重要なアイテムです。その点で、「北大学力増進会」というネーミングは、この進学塾を将来への発展へと導く大看板であったと筆者は思います。それほど、北海道内における北大のブランド力は高く、当然、道内企業には北大閥というものすら存在します。

もちろん、北海道の少年少女たちだって、道外にもいい大学、優秀な大学がたくさんあることは知っています。しかし、北海道っ子で道外に出たいという子は案外少ない。専門的知識や技術を学ぼうと考える子は別として、北大に入れなければ、あとは道内のどこかの大学でいいやという気分が蔓延しているのです。

これは数字にもしっかり表われています。日本経済新聞のデータによれば、都道府県で、転出率が最も多いのは東京で、最も低いのが北海道なのです。しかも、道内移動率は北海道が全国トップ。つまり、道外に出ないで道内を転々と渡り歩くのが道民の習性なんです。これは学生も同じで、大学進学した道産子学生のうち、実に7割が道内の大学に進むというデータもあるほどです。

特に女子の場合、親は娘を道外に出すことにかなり抵抗があるようです。なかでも、ちょっと気

北海道大学のポプラ並木、北海道の定番中の定番の風景

どった親たちは、北大がだめなら道内の他の大学に行かせるより、藤女子大へ行かせたいとみなさんおっしゃいます。

大正14（1925）年開校の藤女子大は、札幌藤高等女学校に端を発する由緒ある私立大学で、道内では今や唯一の女子大となっています。〈カトリック系お嬢様学校〉で通る中高一貫のこの学校には、道内各地から医者の娘や経営者の娘なんかがわんさか入学してくることで知られています。帯広の医者の娘だったミュージシャンの中島みゆきも、この大学を卒業しています。

ちなみに、この藤女子大のキャンパスは北大のすぐ近くにあり、それだけに両大学の合同コンパは長い歴史を誇っています。というのも、かつて女子学生の数が圧倒的に少なかった国立大の北大生にとって、藤女子大は貴重なガールフレンドの供給源であり、ここで出会って結婚するカップルは相当な数にのぼるはずです。

3　札幌の3大まつりに見る道産子気質

▼イベント化した北海道神宮例大祭

北海道の歴史が浅いことは、前にも述べました。もちろん縄文時代の人々の痕跡も残っているし、アイヌ民族の壮大な歴史もありますが、和人（日本人）が殖民したのは、道南や一部の地域を除いて明治以降です。従って、本州のような伝統的祭りがありません。道内の市町村では、開拓民が故郷の神社から神様を分祀した神社で小さな祭りが行なわれています。もちろん神事ですが、開拓民としての共同体意識の発揚の場として、主にその役割を果たしてきました。

ただ、例外もあります。道内の江差町には、370年続く姥神大神宮の祭りがいまも毎夏に開催されています。しかし、それとて道民に広く知れ渡っているわけではなく、きわめて地域性の高い祭りです。青森のねぶた祭りや京都の祇園祭りなどのような全国的に観光客を呼び込むような知名度の高い伝統的祭りは、北海道に存在しません。

札幌でも北海道神宮例大祭（札幌まつり）が、毎年6月14～16日にかけて開催されます。北海道最大のお祭りといっていいでしょう。しかし、これにしても民俗として発生したものではなく、開拓使の敷いたレールの上に成立した神社であり祭事ですから、人工的な色合いが濃いのです。

そうした出自のせいでしょうか、札幌まつりでは祭りにつきものの出店が、参道ではなく、神社とはなんのゆかりもない社殿から何キロも離れた中島公園に集中しているのです。ですから、札幌の住人が札幌まつりに行くといえば、大半は中島公園の出店を見て回ることを意味します。もちろん、北海道神宮の参道にも出店は出るし、神社へお参りにいくという人もいますが、その数は中島公園に行く数に遠く及びません。

つまり札幌まつりは、神事というより限りなくイベントに近い感覚なのです。だからこそ、交通の便がよい都心の公園が会場に選ばれたのでしょう。それでも、札幌っ子にとっては札幌まつりが春一番の楽しみな行事であり、今も祭りの日を休日にする地場企業は少なくありません。

ところが、そんな札幌まつりの存在感が、ここ20年ほどですっかり薄れてしまいました。なぜなら、札幌まつりの始まる前日まで、札幌の街のいたるところに会場を設けて、「北海道ＹＯＳＡＫＯＩソーラン祭り」が開催されているからです。

北海道神宮例大祭

さっぽろ雪まつり、大人になると行かない？

▼「ヤンキー」がキーワードのYOSAKOIソーラン祭り

1992年に始まった「北海道YOSAKOIソーラン祭り」(以下、YOSAKOIと略します)は、高知「よさこい祭り」のパクリです。

最初は一大学生が始めた小さなイベントでしたが、回を追うごとに人気を集め、いまや総動員数200万人、経済効果100億円といわれる、「さっぽろ雪まつり」に次ぐ北海道の一大イベントへと成長しました。道民の熱狂ぶりは、高知の本家を凌ぐほどだと言われています。

「YOSAKOIソーラン祭り」最大の特徴は、「過剰さ」にあります。踊り、音楽、服装、音響、車両など、どれをみてもことさら派手で奇抜です。北海道にこの祭りが根付いた理由を、ある評論家は「長く辛い冬を乗り越えた開放感」だと言っていました。

しかし、本当にそうなのでしょうか。筆者の勝手な推測ですが、高知というまったく異なる風土で生まれた祭りが北海道で受け入れられたのは、よさこいがヤンキー的要素を持っていたからではないでしょうか。

ヤンキーといえば、昭和世代にとっては、「ツッパリや暴走族」「特攻服とか動物柄、あるいはキャラクターが付いた洋服」「夜露死苦《よろしく》」のような当て字、「派手な改造車」「リーゼント、金髪(パンチパーマの時代もあった)」等々の共通のイメージがありました。そんなイメージも、時代とともに少しは変わってきているのでしょうが、それにしても「ヤンキー」という記号はいまもバリバリ有効です。

最近では、社会学者などによる「ヤンキー」文化についての考察も盛んです。彼らがいうには、そうしたヤンキー的なものは、日本人の普遍性がベースにあるらしいのです。中世の歌舞伎もの、武士の婆娑羅、新撰組の連帯と奇抜などは、体制から逸脱しようとする志向と同時に仲間・ムラに固執する。それは現代のヤンキー文化にも通じるものだというわけです。

そして、そうしたヤンキー性は、現代では「地方共同体の表れ」（宮台真司『ヤンキー文化論序説』〔河出書房新社〕）であり、「彼らは上京するよりも地方に根づく」（編者の五十嵐太郎　同書）と指摘しています。

まさに、YOSAKOIという祭りの性格と重なる部分がかなりあるように思えます。YOSAKOIの開催地である札幌は、日本の地方都市であり、さらに札幌の地方にあたる道内各市町村からの参加チームが増えたことで、全道を挙げた祭りへと変貌し、発展を続けました。つまり地域的連帯の集合体が、北海道におけるYOSAKOIともいえるのです。

高知の「よさこい祭り」も、もともとは戦後の商店街振興のために生まれたといいますから、まさに地域の人々の傾《かぶ》ことへの熱狂によって支えられ続けてきたといっていいでしょう。とはいえ、高知のよさこいは、祭りが始まってすでに半世紀以上も続いているのですから、もはや伝統文化といえますよね。

札幌も、いずれそうなるかもしれません。というのも、道内の小学校では、YOSAKOIソーランを全員で踊るというのが、運動会のラストを飾るメーンイベントという学校が少なくありませんし、中学・高校・大学などの学校祭でも必ずステージの出し物として登場しています。いまや教育現場からYOSAKOI熱は培養されています。アンチYOSAKOIの筆者の前で、我が娘がYOSAKOIを喜々として踊っている姿を見た日には、もはや無駄な抵抗だと観念しました。「いいのか！　北海道！　受け売りの二番煎じはつまらないぞ！」心の中の叫びは、どんどん小さくなっていくわけです。

でも、個人的好みを別にして、もしかしたら「よさこい祭り」は日本各地の地域活性化への大きな牽引になるかもしれないと思います。広い北海道の各地から、世代を超えた踊り子たちが、村や町を背負って競い合うなんてことは、これまでの北海道の歴史に多分なかったことです。

これを日本の各地域で開催するというのはどうでしょう。各都道府県で勝ち上がってきたチームが、日本一を決めるために、日本武道館で「よさこい全国大会」に臨む。全国にわが町を知ってもらう機会にもなるし、「ゆるキャラ」も参加しての応援合戦も行なえば、さらに盛り上がりそうですよね。

▼大人は行かない雪まつり

ついついYOSAKOIの話題で熱くなってしまいました。ここでクールダウン。さて、北海道の祭りといえば、なんといっても、全国にその名が知られる「さっぽろ雪まつり」を忘れてはいけません。しかし、札幌市民で雪まつりに積極的に足を運ぶのは小学生までのことです。何かのついでに大通公園を通るとか、内地からの来客を案内する場合は別にして、市民は雪像を見飽きているというのが正直なところです。

しかも、メイン会場の大通公園1丁目から12丁目までをすべて見るには、少なくても30分はかかります。2月の厳寒期にそんな思いをしてまで見る気がしないというのも、そこに暮らす人間にとっては無理もないことでしょう。

とはいえ、開催から半世紀がたつ「さっぽろ雪まつり」がもしなくなれば、なにより寂しいと感じるのも札幌市民だと思います。市民それぞれの人生の思い出のなかに、間違いなく「雪まつり」の思い出が刻まれているからです。

ご存知のように、「さっぽろ雪まつり」のメイン雪像は北海道の陸上自衛隊が制作しています。市民が作った小型の雪像もありますが、これはおまけのようなものです。1955年の第5回から陸上自衛隊の雪像作りへの参加が始まり、以来60年におよぶ陸上自衛隊の雪像制作に関するノウハウは、もはやどこにも真似のできないものになっています。

雪像制作の自衛隊協力に対して、撤退すべきとの声もないわけじゃありません。しかし、いまさら素人の作った雪像を見て、いったい誰が喜びます?

2015年には235万人を動員した「さっぽろ雪まつり」。今や札幌の街に道外や外国からの観光客を堂々と呼べる世界的イベントになっています。同時にこれだけの長い期間、自衛隊があれだけの時間と人員を費やして参加してこられたのも、日本が平和だった証拠ともいえますよね。

筆者は、北海道陸上自衛隊11師団の雪像部門に、無形文化財の称号を贈るべきだと思いますが、いかがでしょう。

第2章
住んでみたい土地ナンバー1!?

▼住んでみたい≠住みやすい

北海道は住んでみたい土地ナンバー1なのだそうです。「ブランド総合研究所」が２００９年から毎年行なっている都道府県別魅力度ランキング調査でも、北海道は、６年連続の1位。市町村別ランキングでも、例年1位と2位を札幌市と函館市が争い、小樽市や富良野市もトップ10の常連です。まさに北海道ブランド力の高さを認識させられます。これは道民にとって嬉しいことです。

でも、道民の夢を壊すわけじゃありませんが、「魅力的で住んでみたい」というのと「住みやすい」が一致するかどうかは別問題です。北の大地に憧れて移住してみたけれど、後悔先に立たずではタイヘンです。この章では、実際の道民の生活事情をお話ししてみたいと思います。

1 「非日本」的な北海道の歳時記

日本人は古の昔から、移ろいゆく自然と人々の生活を密着させてきました。日本人として、やはり子孫にもこの古来からの習慣を残したい——と筆者も思うのですが、北海道で暮らしているとそこには無理が生じてきます。

春の七草を食べようにも、外はまだ雪に埋もれて草一本生えていません。厳寒期の2月は氷点下の寒空だから、「鬼は外～」ではなく玄関あたりまでの退散でよしとする。撒くのも皮付きの落花生を使い、あとでちまちま拾って食べる。

3月のお彼岸は積雪が多くたいていはパスしますが、なかにはスコップ片手にスキーウェアを着こんで墓参りをする熱心な方々もいらっしゃいます。

4月にはまだ桜が咲かず、ゴールデンウイークになってようやくちらほらと咲いた桜の木の下で、寒さをこらえてジンギスカンを食べるのです。

そして6月になると、待ちに待った本格的な春がやってきます。桃やチューリップなどあらゆる花々が一斉に咲き出し、まる裸だった街路樹から突如青々しい葉が溢れだすのです。これが、7月にかけて駆け足で展開するせいか、春と初夏の境目がわからなくなることもしばしばです。

しかも、北海道では都会で暮らしていても、ちょっと郊外に出るだけで野山や川から漂う精気の漲った空気に触れられますから、土用の丑の日、暑気払いにわざわざ高い金を出して鰻を食す必要を、道民はさほど感じないわけです。

そして、9月の末には早くも朝夕の気温が肌寒く感じるようになり、10月中ごろに紅葉シーズンも終わってしまいます。そして、またしても長い長い雪の季節が訪れるのです。

ということで、1年の3分の1が雪に覆われる北海道では、温暖湿潤な気候のもとで培われた日本の文化行事を、そのまま当てはめることができません。つまり、「北海道に日本の四季はない」といってみたいわけです。

(1) 春事情

▼北海道の汚く長い春

では、北海道ならではの四季折々について、ご説明しましょう。

内地で春一番が吹く3月は、北海道の晩冬に当たります。山ではスキーができるくらいですから、まだ路面はすぐに凍結し、ドライブに行く気にはなりません。スリップの危険がつねにつきまとう冬道のドライブほど、神経を使うものはないからです。

それでも4月になるとようやく、それまで風の中に感じた冷気の芯のようなものが和らいできます。そんな空気の変化から、道民は敏感に春の到来を感じるのです。

とはいえ、路上や家の軒下には、ほこりで汚れた雪や氷が解け残っていますし、町並みに緑はなく、どこもかしこもアースカラーの寒々とした風景が未だ広がっています。

もう路面に雪は残っていませんが、この時分が意外に危険なのです。夜、昼間にとけた水分が凍って路面に薄い氷の膜ができることがあります。「ブラックアイスバーン現象」と呼ばれ、見ただけでは凍結した道路には見えません。雪がないからといってスピードを出して走ったなら、あっという間にスリップをして大事故になりかねません。

そして、こんなときに降る雨の寒さは、骨身にしみます。道路脇の残雪は雨によってざくざくのシャーベット状になるため、ゴム長靴が欠かせません。

しかし、この時期の雨は、あちこちに汚く解け残った雪を一気に解かしてくれる恵みの雨でもあるんです。雨降って地固まると言いますが、からからに乾いた春の道になるまで、あとはじっと我慢するほかないのです。

▼春を実感させる〈短靴〉

北海道の春の到来は、このように足下からじわじわとやってきます。筆者が子どもの頃、なによりうれしかったのは、「今日から、短靴を履いていいよ」と親からお許しをもらうことでした。

いまではスノトレと呼ばれる冬用のスニーカーが、長靴に代わって出回っていますが、昭和の時代、北海道の子どもたちは半年あまりをずっと長靴で通していました。ぶかぶかとして重いし、スマートじゃないことは子どもにだってわかっていました。でも、それしかないので仕方ありません。

4月頃になると、ようやく気分だけは春になります。靴箱の中に鎮座する、見るからに軽快そうな短靴を早く履きたくてうずうずしますが、まだ道は乾いておらず親からお許しがなかなか出ない。毎日靴箱をそっと開けて、ピカピカの短靴を確認していた記憶があります。

筆者の子どももそうですが、いまも北海道人は〈短靴〉という言葉を日常的に使います。この場合の短靴とは、足くるぶしまでという形状のみならず、〈冬以外に履く靴〉というニュアンスが多分に含まれているのです。

もし、北海道俳句協会あるいは雪国俳句協会という組織があれば、筆者はぜひ「短靴」を春の季語として推薦したいと思います。一年中、短靴を履いて過ごせる内地では、この情緒はわからないでしょうね、きっと。

（2）夏事情

▼道産子的海水浴事情

北海道の夏はあっという間に終わってしまいます。瞬きするくらいのスピードで通り過ぎるといっても、過言ではありません。

ですから北海道の場合、海水浴シーズンはわずか1カ月弱しかありません。7月中旬から8月のお盆の前でほぼ終わりを告げます。つまり、子どもたちを海水浴に連れていく親にとって、約3週間が勝負なのです。

そのうち3回しかない週末が、風や雨などに見舞われれば、一度も子どもを海水浴に連れていけないという事態が発生しかねません。これは道南・道央圏においてのことで、盛夏の短い道北や道東エリアではさらにこの期間が短くなります。

北海道の子を持つ親は、冬が長いからこそ、短い夏を子どもたちに満喫させたいと強く願っています。つまり、子どもを海水浴に連れていくことは、親にとっても格別の想いがあるんです。

そのためでしょうか、北海道のビーチはきわめてアットホームな雰囲気です。少ない海水浴場に短い期間、親子連れが集中するためです。もちろん若者のグループもいますが、家族連れに圧倒され、存在感の薄さは否めません。

したがって、湘南に代表されるような浜辺文化は北海道には育ちません。海辺でひと夏の恋が始まるかも……といったサザン的恋愛は、北海道の若者にとってあまり期待できないんです。隣でお尻まるだしの子どもたちが走り回っていては、ロマンチックな気分も失せてしまいますからね。

▼道産子なら知ってる「子ども盆おどり唄」

北海道の子どもたちが、夏というキーワードを聞いてまず想い浮かべるのは、実は海水浴のことではありません。北海道には「子ども盆おどり唄」という固有の盆踊り歌が存在し、これを知らないで道産子を名乗っている輩はニセ者と断定できます。つまりこの盆踊りの唄こそが、北海道の夏の風物詩となっているのです。

一番の歌詞はこうです。

そよろそよ風　牧場《まきば》に街に
吹けばちらちら　灯がともる
赤くほんのり　灯がともる
ほら　灯がともる
シャンコ　シャンコ　シャンコ

シャシャンがシャン
手びょうし　そろえて
シャシャンがシャン

つい、鼻歌まじりにこの歌詞を書いてしまった筆者ですが、これを読んでくださっている道産子諸氏も、きっと思わず口ずさんでしまったに違いありません。歌詞のなかに「牧場」がでてくるあたりが北海道的ですよね。

この歌のことを調べていたら、個人の方が開設しているインターネットサイトを見つけました。タイトルはずばり「子ども盆踊り唄」(http://kodomobonodoriuta.kirara.st/hokkaido/index.html)とつけられています。

このサイトによれば、唄ができたのは昭和27（1952）年のことのようです。戦後、北海道教育委員会が中心となって作られ、作詞は江別出身の坪松一郎氏、作曲は童謡作曲家の山本雅之氏（「森の小人」の作曲者。といっても、今はこの唄さえ知らない人が多いかもしれません）が担当しています。

また歌っているのは、持田ヨシ子という女性らしいのですが、その声はレコードを高速回転したような甲高い声が特徴です。そのため筆者は、うちの町内会はダビングのしすぎで音が変になってしまったテープを使っているのだなと、ずっと思っていたほどです。

すでに半世紀以上にわたり道民に親しまれてきたこの唄ですが、CD化されているにもかかわらず、驚くことに新たに録音し直すことなく、今も持田バージョンが使われています。

ちなみに、日高の新冠町には、「レ・コード館」という町営の文化施設があります。ここには寄贈などで集まった約97万枚のレコードが収蔵されており、そのなかから2001年に「子ども盆踊り」の初版SP盤が発見されたのです。人口減少で地域の盆踊りが消えていくなか、この発見を機に、翌年から町を挙げての「にいかっぷふるさと盆踊り」が開催されるようになりました。60年以上も前の一枚のレコードが町の活性化に一役買ったのは、この盆踊り歌が道民の記憶にしっかりと根付いているからでしょう。

今年も例年通り、お盆の三日間、夕方5時ころになると風に乗ってこの歌が聞こえてくることでしょう。♪そよろそ〜よかあぜ〜、と聞き慣れた唄声に誘われて踊るのは、我が娘です。

▼ビアガーデンで短い夏を謳歌

つらつらと道産子の郷愁を誘う「北海道の夏」を語ってきましたが、やはり大人になっても北の短い夏の訪れはうれしいものです。札幌人にとって最大の楽しみは、毎年大通り公園で開かれるビアガーデンです。

開催期間は、毎年7月20日頃からの約ひと月間で、大通公園の5丁目から12丁目にかけて、各丁目ごとにサッポロ、アサヒ、キリンなどビール会社主催の会場が設けられます。さらに輸入ビール

道産子的海水浴の様子

大通り公園のビアガーデン

や地ビール専用の会場もあり、好みのビールを選んで存分に楽しむことができます。暑い夏の盛り、緑に囲まれて飲むビールはこれぞ夏という気分を味わわせてくれます。ほんとにうまい！　ただし、ここでは食べ物を期待するのは無理です。焼き鳥も枝豆もほとんど業務用ですから、あくまでも野外で飲む雰囲気を肴に楽しむべし、です。

それと、夕方以降にビアガーデンへ行くことも、あまりお勧めできません。とにかくうるさいんですよ。会社員や学生たちのグループが宴会を始め出すと、その喚声の大きさと騒がしさでビールの味わいなど吹き飛ばされてしまいます。

実は、２００９年まではさらにうるさかったのです。会場ごとにＦＭ局のラジオステーションが併設され、パチンコ屋も顔負けの音量で曲をかけ、響き渡るハイテンションのＤＪのトークが脳髄に突き刺さってくるような状態でした。隣の人の声はよく聞こえず、がなりたてないと会話が成り立たないほどでした。

これが２０１０年になって、ようやく改善されました。理由は近年、都心部にマンションが増え、住民から騒音への苦情が多数寄せられるようになったからです。騒音を抑えてから一度、夜に訪れてみましたが、まくしたてるＤＪの声や重低音の音楽が流れることはなく、ずいぶんと静かになっていました。でも、酔客たちが騒々しいのは少しも変わりませんから、この期間、静かに飲みたい人はススキノの飲み屋に向かいます。ビアガーデンに客を取られ、どの店もガラガラなのです。日ごろはいつも満席という店も、この期間は空いているので落ち着いて飲めます。

▼ブラキストン線的幸福──害虫事情

北海道は、津軽海峡を挟んで本州との間に引かれた〈ブラキストン線〉から北に位置しています。このラインは、イギリスの軍人で博物学者のトーマス・ブラキストンが提唱した、動物分布境界線のことです。ブラキストンはカナダや揚子江上流を探検した後、1861年に箱館にやってきて約3カ月間を過ごし、その2年後に再び来道してから20年近く箱館で暮らしました。

幕末にもかかわらず、外国人の長期滞在が可能だったのは、ここが日本屈指の国際貿易港だったからで、ブラキストンさんも貿易商などを営む傍ら、フィールドワークを続けていたようです。その長年の成果が、ブラキストン線という自然法則の発見に結びついたわけです。

説明が長くなりましたが、簡単に説明すれば、津軽海峡を境にして北と南では棲息する動植物種が違うことを、ブラキストンが発見したわけです。例えば、北海道にはヒグマはいるがツキノワグマはいない。エゾシカはいるがサルはいない、という境界を示す線がブラキストン線なのです。本州と北海道の間には、津軽海峡以上にふか〜い隔たりが存在するのです。

さて、筆者にとって、ブラキストン線以北に住んでいて心底よかったと思うのは、この地にゴキブリがいない点です。北海道の住民は、冷蔵庫やタンスの裏からもぞもぞ這いでて歩き回る奴らのおぞましい姿を見ることも、何匹も張り付いた気色の悪いゴキブリホイホイを捨てる必要もなく、スリッパ片手に追いかけまわすようなおぞましい殺虫行為とも無縁だからです。

ところが、残念無念なことに、すでに一部の環境下ではゴキブリが棲息しているんです。本州からの荷物などに紛れて上陸したのでしょうが、今の北海道の建物は機密性が高いので、北国でも生きながらえることができるんですね。やつらの多くは、飲食店などが集中する歓楽街が根城です。気温が安定し、エサが豊富だからでしょう。いまや札幌の飲食店では、「ゴキブリホイホイ」は必須と聞きます。

筆者も札幌市内の飲食店で、ゴキブリに二度ほど遭遇したことがあります。一回目は焼き鳥屋で、すすすっとカウンターの壁を走る姿を目撃。二回目は小さな飲み屋でしたが、驚くなかれ、お通しのイモサラダの中に入っていた（！）のです。さすがにそのときは、あまりの異常な光景に卒倒しそうになりましたけど、いま思い返せば、意外にもやつらは小さかった。詳しい人に聞いたところ、やつらはチャバネゴキブリと呼ばれる種類だそうです。北海道建築の優秀さも、この時ばかりは恨めしくなります。

（3）秋事情

▼生態学的な冬ごもりの準備

北海道の夏は短いといいましたが、秋はそれ以上に短い。お盆を過ぎると、なんとなく北海道人の気分は沈んできます。それは、落ち込むという感覚とはちょっと違います。メロウな気分というのでしょうか。来るべき冬に向かっての、心の準備期間といったほうがいいかもしれません。

その頃になると、決まって道民が交わす言葉があります。「もう夜に出かける時は上着がないと寒いね」か、「朝方寒いから、そろそろ毛布出す？」です。このひと言を口にした瞬間から、北海道人の冬は始まるのです。

そんな冬への序章と重なるように、道内は農作物の収穫期に突入します。北海道人のこれら作物へ示す執着心は、凄まじいものがあります。近年、急増する産地直売所や「道の駅」には、この時期になると野菜が山のように積まれ、週末になるとどこも人だかりができます。数年前には、『札幌から行く産直ガイド』（亜璃西社）なる本まで出版され、これがベストセラーとなっていることからも、その執着心がうかがえます。

筆者も〈産直〉と聞くだけで血沸き肉躍るタイプです。ジャガイモやタマネギは箱買いし、トウキビ（トウモロコシのことを道民はこう呼びます）を袋一杯に詰め、トマトにニンジン、セロリにカボチャと次から次へと買い込みます。さらに港にいけば、サケにサンマにホタテにカレイなどなど、涎が落ちるようなピチピチした魚介類がならんでいます。しかも、生産者が直売するだけにどれも安価ですから、お財布のひもが緩みっぱなしになってしまうのが悩みです。

残念ながら北海道の市場には、S&Gの名曲「スカボロー・フェア」のようにハーブ名を並べて語ってみせるような詩的情緒はほとんどありません。道民の収穫時期の熱狂ぶり――買い過ぎ、食べ過ぎという事態は、冬籠りの準備に大量の食物を摂取するヒグマの生態を思わせます。

▼秋の無粋〈観楓会〉

道民にとって、秋の楽しみは「花よりダンゴ」ならぬ「紅葉よりも収穫物」に尽きるわけですが、さらにそんな道民の情緒のなさを物語るのが〈観楓会《かんぷうかい》〉です。

文字通りに解釈すれば、楓などの紅葉を観賞する会を意味するわけですが、北海道において紅葉観賞は二の次。主な目的は一泊二日で温泉に泊まり、無礼講でどんちゃん騒ぎをすることにあります。ほとんどが会社行事であり、そこに所属する者にとっては参加は半ば強制。観楓会の旅費を社員から徴収し、積立てている会社も少なくありません。

ここでお断りしておきますが、筆者は観楓会廃止論者です。かつて10年近く会社勤めをしていましたが、何が嫌ってこれほど嫌な行事はありませんでした。新人の頃は渋々出ていましたが、中堅クラスになってからは一度も出たことがありません。

会社側からすれば、福利厚生のつもりなのでしょうが、出欠を決める権利は社員に与えてほしいものです。表向きは欠席が許されていても、それなりの理由が必要（法事など）のうえ、それでも上司は臍を曲げ、社長に何度も欠席をわびなければならないのが現実です。

なんで休日を返上してまで、職場の人間と顔を付き合わせなければならないのかと筆者などは思います。しかも、大浴場では全裸の姿を見せあい、宴会では浴衣がはだけた上司の胸毛を拝まねばならないという、余計な「特典」までついてくるわけです。

純粋に会社好きで温泉好きという年配社員の方々もいるのでしょうが、若手社員たちの楽しみはおそらく別にあると思います。憧れの山田課長を湯上がりの浴衣姿で悩殺したいとか、酔っぱらった総務部栄子の浴衣の裾が開いて白い太ももがちらりと見えたとか。日常からちょっとだけ羽目を外せる期待感が、今も観楓会を存続させている原動力かもしれません。

(4)冬事情

▼ロマンチックでやっかいな雪

そしていよいよ長い冬の到来、雪が出現します。温泉地とスキー場が多いことで知られる道央のニセコエリアには毎年、質のよいパウダースノーを求めて海外からスキーヤーがやってきます。12月末にはほぼ根雪になっているので、ホワイト・クリスマスが楽しめることから、内地の人にはいつも羨望の眼差しを送られます。

でも、実際に住むとなると、雪はことのほかやっかいです。例えば札幌市の雪対策費は、年間で実に181億円(2014〔平成26〕年度)に上ります。年間土木費の約22パーセントを占める莫大な金額です。しかも、そのうちの128億円が除雪に関わる直接経費なのです。

雪が降った夜更けの幹線道路では、大型ロータリー車によって路肩の雪山がどんどん崩され、その雪をトラックが次々と運びだしていきます。こうした作業が夜を徹して行なわれ、道路にはロータリー車を先頭に、積み込みの順番を待つトラックの長い列ができます。これこそ、北海道における現代の冬の風物詩といってもいい風景なのです。

そしてトラックに積まれた雪は、市内に数カ所ある指定排雪場に運ばれます。豊平川の河川敷もその一つで、雪山は最終的には堤防より高くなるほどうずたかく積まれます。そのあまりの量の多さゆえに、残雪が初夏まで溶け残っていることもしばしば（これ、シュールな景色ですよ）あります。

こうした公共の除雪に加え、一戸建ての住人は敷地内の雪かき（北海道人は除雪のことをこう呼ぶ）で忙しくなります。なかには業者に依頼する人もいますが、それとて大雪が降った朝や、月に数回来る程度。ですからマンション住まいの人は、この時期になると羨ましがられます。なぜなら、ほとんどのマンションでは管理会社と契約した業者が除雪をやってくれるので、住民は雪かきをしなくてよいからです。

一方、一戸建ての住民は1、2月になるとほぼ毎日、雪かきという重労働が課せられます。この期間は、手足のかじかみと腰の痛みに耐えて、黙々と雪かきを続けるしかないのです。そのため、子どもが独立したあと、一戸建てを売って便利なマンション暮らしを選ぶ老夫婦が増えているほど、

雪の時計台、意外な「大きさ」に驚く人も

なかなかに大変な作業なのです。

　そんなもの放っておいたって春になれば消えるでしょ、と思う方もいるかもしれません。しかし、住宅が密集した札幌の一戸建て生活者にとって、門前の雪かきは市民に課せられたマナーであり、義務なのです。

　ここ数年、行政の除雪対策が行き届き、24時間除雪車が出動するため、生活道路はいつもきれいに除雪されています。それはそれでありがたいことなのですが、家の前の道がすっきりすればするほど目立つのが、敷地内に積まれた雪山です。

「井上さんのところは、雪かきもせずにだらしないわね〜」とご近所に陰口をささやかれてしまうのではと疑心暗鬼になり、結局は「もっと除雪を！」という脅迫観念に陥ってしまうわけです。

▼雪道を走るタクシードライバーさん！　あなたは偉い！

　雪道に関することで、実は前々から気になっていたことがあります。雪国のタクシー事情についてです。北海道の雪道をタクシーで走る際、知っておいてほしいのは、運転手さんのドライビングテクニック次第で快適さのみならず安全度も大きく左右されるということなのです。ご存じと思いますが、タクシーのほとんどはＦＲ（後輪駆動）です。夏場は問題ないのですが、困るのは冬。緩い勾配の坂道でスリップして上れず、後ろに長い渋滞ができたり、大雪にタイヤを取られて動けなくなったなんてこともよく聞きます。実際に筆者も、ある冬の晩に乗車したタクシーが、豊平橋にかかる緩い坂でスリップして、何分も動けなかったことがありました。

「それでも、昔はまだよかったんだよ。スタッドレスに変わってから、冬はホントにヒヤヒヤなんですよ。道がツルツルですからねえ！」。スリップからようやく抜け出た運転手さんが、多少逆ギレのように私に向かってそう言葉を投げつけました。


運転手さんの発言には一理あります。スパイクタイヤからスタッドレスに代わったのは、1990（平成2）年に「スパイクタイヤ粉じんの発生に関する法律」が施行されてからのことです。それまで、昭和50年末から60年代にかけての札幌の春先は、スパイクタイヤによってアスファルト路面が削られたことによる粉じんの影響で、本当に空気が悪かった。私も春先に買った白いコートが、粉じんでみるみるうちに煤けた色になり、ひとシーズンでダメになった経験があります。それほどひどかったのです。1983（昭和58）年には、人体への悪影響が実証され、ようやく7年後に前述の法律ができたのです。そして、スパイクタイヤに代わって登場した救世主が「スタッドレスタイヤ」でした。ゴムの素材に工夫をこらし、溝を深くするなどして、ピンやチェーンなどを使わなくても、雪道を走行できるようになったのです。

ところが、皮肉にもそれが新たな問題を引き起こします。交差点で停止、発進が繰り返されることにより、圧雪路面が磨かれ、それまで経験したことのないような鏡の如きツルツル路面が現れたのです。このツルツル度は、尋常ではありません。知らない方は、路面がスケートリンクになったと思ってもらえればイメージできるでしょうか。これが決して大袈裟な表現ではないことは数字で証明されています。平成24年度に札幌で行なわれた調査では、12月～3月の4カ月で路面転倒による救急搬送者数は1300人を超えました。転んで救急車のお世話になるって、異常ですよね。道産子の筆者でさえ、何度も転んでいますから、高齢者や道外の方が道を歩くのはまさに命がけ。うかうか酔っ払って千鳥足なんてできません。冒頭に、タクシーの運転手さんのテクニックが安全度を左右するといったのは、こういうわけなのです。

たとえ短い時間といえども、タクシーは人の命を預かる仕事。しかも客の要望でどこにだって行かなければなりません。街中のツルツル路面だけじゃなく、雪深い道や山道だって走らなければならないのです。だからこそ、北海道のタクシーはすべて4WDにすべきだと声を大にして訴えたい。最近は4WDの導入が少しずつ始まっているようですが、まだまだ足りません。料金は多少高くなっても、安全には替えられないと思うのですが、現実はなかなかそうもいかないのでしょうか。

ちなみに筆者は、この時期に道外からくる方々にススキノ交差点でのツルツル体験を勧めています。ひと味違った北海道の観光になると思います。転んで足を折ることもあり得ますが……。

▼今も残る「石炭手当」

しかし、道民はこの自然環境の過酷さによって甘やかされている面もあるんです。道内企業には、冬期になると補助金の支給制度があります。暖房手当とか、寒冷地手当などと呼ばれていますが、道民の耳に一番馴染んでいるのは「石炭手当」という名称でしょう。

この手当、もともとは国家公務員のために生まれた制度です。なんと戦後すぐの昭和21年にはじまったもので、当時は寒冷地手当と石炭手当がダブルで支給されていました。寒冷地手当は、北海道や東北など北国地域が対象ですが、石炭手当は北海道に限られた補助です。一所帯のひと冬に消費する石炭を3トンと見積もり、それに相当した金額が支払われていたそうです。暖房に石炭が使われなくなって久しい現在では、もはや3トンの石炭がどれくらいのものなのか実感できませんが、石炭の最大供給地であった北海道らしい対策ですよね。その後、この手当は昭和39年に一本化されます。

ちなみに金額は、国家公務員の扶養家族をもつ世帯主でひと冬13万円ほど（額は年々削減傾向に）で、道内の民間企業もこれに準じる場合が多いようです。

しかし、筆者はこう思います。寒冷地手当を支給するなら、熱帯地手当だって支給されてしかるべきだと。いまやゴキブリすら這いまわる機密性の高い建物に住む北海道民より、エアコンがなければ熱中症の危険性もある本州の夏を過ごすほうが、電気代が高くつくのではないかしら。

ここで筆者は、いまだに寒冷地手当なるものが支給され続けることに、大和民族の北方への意識を垣間見てしまうのです。つまり、諸手当は北の蛮地へ赴くことに対する特別措置ではないかと。

まあ、考えすぎ……ですよね。

▼寒さに弱い北海道人の怪

しかし、そのためでしょうか、北海道人の冬の過ごし方は実に贅沢です。灯油ストーブをがんがん焚いて、窓の外の猛吹雪を眺めながら半袖姿でくつろぐ風景は、セレブな家だけでなく、一般家庭でもごく普通のことです。これは内地ではありえないことですよね。筆者もずいぶん大人になってから、この事実を知りました。

内地の家庭では通常、居間しか暖かくしません。各部屋は使う時だけ暖房し、トイレ、浴場はいつもキンキンの寒さです。それに比べて、北海道はどの部屋も温かい。24時間ストーブを付けっぱなしにしている家は、いくらでもあります。

寒ければ着込む、これが内地人の基本的態度です。極めて正しい姿勢だと思います。流行のエコ的ライフスタイルともいえます。それに比べ、灯油をどんどん燃やし南国状態の中で冬を過ごす道民のために、10数万円もの手当を支給する企業や組織は、ちっとも地球にやさしくないですよね。

しかも、暖房過多は住宅ばかりじゃありません。デパートに行ってみてください。最近は少し温度を下げるようになりましたが、それでも店員さんは半袖姿です。そこに、氷点下の屋外で過ごせるオーバーもしくはダウンコートを着た防寒スタイルで入ってきて、買い物をするわけです。これは尋常な暑さではありません。

実際、年末の食糧買い出しの際には汗ダクになるほどです。それなら、オーバーを脱げばいいとおっしゃるかもしれませんが、片手にバッグやかさ張る防寒着を持っての買い物は、ゆるくない（北海道の方言で〝難儀する〟ということ）のです。

とはいえ、そんな室内の暖かさゆえの楽しみもあります。ビールがうまい（またか、と思わないでください）。凍える屋外から戻り、赤々と燃えるストーブの前で、氷が解けるようにじわじわと指先に感覚が戻っていくのを感じながら、温まったところでぐいっと飲む一杯はたまりません。というか、北海道人（わたしのことですけど）って冬でも夏でもビールが好きなんです。

もちろん、ビールはサッポロビールじゃなければいけません。筆者のお勧めは、北海道限定の「サッポロ・クラシック」。うまみと苦みが絶妙で、冬にこそ飲みたいビールです。書いていたら思わず喉が鳴りました。

というわけで、このようなぬるま湯状態で暮らす道民が、内地のように慎ましく極寒に耐えられるかといったら、筆者も含めておそらく誰一人辛抱できないと思います。なさけない話ですが。

▼寒さに抗する女学生の生足

その代わりといってはなんですが、寒さにめっぽう強いのが、今どきの北海道の女子学生です。ここ数年、道内の女子中・高校生には、氷点下10度にもなる極寒の冬期に素足で過ごすという、悪しき〈美学〉が存在するのです。

これは単に、東京の女子学生ファッションの受け売りです。ミニスカートの制服に紺色のハイソックス、そこにベージュ色のボアのブーツをはくのがカワイイ！というわけです。

これを道内の女子学生が真似るわけですが、真冬ですからストッキングくらい履いているのかと思いきや、それはダサイそうで、断然、生足《なまあし》でなくてはいけないとのこと。札幌近郊はもちろんのこと、筆者は道内有数の厳寒地・旭川でも素足の女子高生の姿を確認しました。これはエラいことです。旭川の寒さといったら、凍傷レベルなんですから。

北海道教育委員会の教育ビジョンには、「北海道のすべての子どもたち（中略）が心豊かに、健やかに生活を営むことができるよう、充実した教育環境づくりを進めていくことが、今後の教育行政に課せられた最も大きな使命である」と謳われています。このままいけば、「健やかな生活を営む」どころか近い将来、神経痛で悩む女子たちが大量に発生することもありえない話ではありません。

北海道はゆとり教育先進地と先ほど述べましたが、この問題だけは学校と家庭が一致団結して、早急に策を講じるべきだと、断固として思います。

▼ハレの大晦日、ケの正月

北海道の冬でもう一つ、紹介したいことがあります。大晦日です。内地人はハレの元旦を迎える前夜、年越しそばを食べて静かに過ごすそうですが、北海道の場合は違います。

お正月気分はすでに大晦日から始まっているのです。我が家の場合、紅白歌合戦を見ながら御馳走を食べ、酒を飲み、賑やかに過ごすというのが恒例です。もちろんその乗りで、翌日に供されるはずのおせちも並びます。まさにハレの大晦日なのです。

ですから、地味な年越しそばはどうも忘れられがちになってしまいます。さんざん飲み食いしたところで、「そういえば、年越しそば食べてないわねえ」と母が切り出す。でも、すでに胃袋のどこにもそんな隙間がありません。それでも縁起物ですから、年が明けた1時ころになんとか形だけでも食べるというのが、我が家の「年越しそば」の処し方です。

周囲に聞いてみると、大晦日の昼食にそばを食べてしまうケースが意外に多いことがわかりました。余ったそばの出し汁は、翌日の雑煮に流用するのが一般的です。

こうして、北海道人は大晦日を大いに楽しみ、翌日の元旦から二日酔いで寝正月というケースも、多々見受けられます。内地の人から見れば、ここらへんも伝統にとらわれない道民のおおらかさと受け取られるのでしょうかね。

2 大地と大空の間で

(1) 東京に10年以上行かない理由

▼東京に行かなければ?

以前、こんなことがありました。飲み屋のカウンターで、出張で東京からきたという女性と隣り合わせになったのです。気さくな女性で、何気ない話題でたいそう会話が盛り上がりました。

ところが、筆者が何気なく「そういえば、東京へは15年前に行ったきりだなあ」とつぶやいたのを聞いた彼女は、「えっ〜、信じられない!」と絶句。と同時に、それまでのフレンドリーさが消え、何かよそよそしげな、まるで木で鼻をくくったような態度に変貌したからびっくりしました。

最初は、「なんだ、このオンナ！」とムッとしましたが、考えてみるとなるほどと感じ入るものがありました。彼女のような東京人にとって、東京は日本の中心であり、そこに15年も行っていない筆者は話すに値しない、文化的レベルの低い人間に思えたのではないかなと思ったのです（これたんなるひがみではないと思います）。

筆者とて、東京にこそ行ってませんが、夫の実家のある名古屋には毎年里帰りしますし、国内旅行も海外にも行っています。ただ東京に用事がないだけなのです。でも、東京の人間にとって、筆者のような者は異端、あるいはたんなる半端者ということになるのでしょう。

ところが、筆者のような人間って北海道には意外に多いんです。周囲には道内でバリバリ仕事をしている人でも「しばらく東京に行っていないなあ」なんて人はざらにいます。

内地の地方都市の人々は、そんなに頻繁に東京に行くものなのでしょうか。地続きですから手軽なんでしょうけれど。

でも、江戸や明治じゃあるまいし、この高度情報化社会にあって文化や刺激や仕事を求めるためにわざわざ京に上る必要はない。パソコンやスマートフォンさえあれば、欲しい情報、欲しいものは世界中から手に入ります。わざわざ東京を経由する必要を感じない、というのが正直な気分なのですが、でもこれって田舎者の強がり、開きなおりにしか見られないのでしょうね。悔しいけど……。

▼〈千歳—羽田間〉乗客数900万人の真実

北海道人は東京へはあまり行かないといいましたが、それと矛盾する事実があります。千歳—羽田間の航空路線は、世界でも一、二を争うドル箱航路だからです。ちなみに平成26年度の乗客数は900万人（国交省データ）。通常は往復利用ですから、実質はその半分の450万人くらいでしょうが、これだけの人々が東京と北海道の間を往来していることになります。

この路線を支えるのは、圧倒的に道外からの乗客です。そして、その大半は観光客と断言できます。北海道を訪れる道外観光客数（国際定期便などの外国人客は除く）は、2014（平成26）年度の統計では約570万人（北海道経済部観光局）でした。鉄道やフェリーで来道する人もいますが、彼らのほとんどが飛行機に乗ってやってくるからです。

もちろんこのなかには、関西や名古屋などの地方空港から足を運ぶ人もいるでしょう。ですが、やはり人口比でみても圧倒的に多いのは、羽田からの乗客と見なしてよいと思われます。仮に570万人の約半数にあたる285万人が羽田空港からの乗客だったと仮定しても、すでに羽田—千歳航路の年間450万人の半数を上回るわけです。

では、逆に千歳から羽田へ降り立つ場合はないのかというと、数は少ないでしょうが、もちろんあります。道内から東京へ出張するビジネス利用者やお盆や正月の帰省客が中心だとは思います。しかし、それらに次いで多いのは、「東京ディズニーランドツアー」の観光客ではないか、と筆者はにらんでいます。

年間３０００万人が訪れるといわれる「東京ディズニーランド」「東京ディズニーシー」は、日本最大のレジャー施設です。カップルや友人同士はもちろんですが、小さな子どもを持つ日本全国の親にとって、今やディズニーランドは子どもを必ず連れていかなければならない場所と化しています。親の義務として当然といったような恐ろしい風潮は、北海道にも確かにあります。

娘の周囲を見渡しても、ディズニーランドに行っていないのは我が家のみ。ほとんどの友達はディズニーランド体験者です。我が娘からいつ、ディズニーランドへ連れていってとせがまれることか。ディズニー嫌いの筆者からすれば、ほとんど強迫観念に近いほどの恐怖を感じます。

この事実に気がついたのは、最近のことです。保育園、小学校と娘が進んでいくうちに、クラスで毎年、2、3家族がディズニーランドに遊びに行くという実態が会話の中から垣間見えてきたからです。

この数はバカにできません。

単純な計算をしてみました。例えば、1クラスで年間3家族がディズニーランドツアーに行ったとして、一家族を3人（父母と子ども1人）、1年生から6年生までを計12クラス（少子化のため）と仮定します。すると、1校で年間１０８人がディズニーランドに行く計算になり、それを札幌市内の小学校数２０９校でかければ約2万2千人となるのです。

つまり札幌市内の小学生を持つ家族だけでも、ディズニーランド行きのために往復人数4万4千人が飛行機を利用していることになります。しかもこれは、かなり少なく見積もっての計算ですし、札幌だけに限っての数字です。これが札幌近郊都市や全道域を含めたとすれば、総計は相当の人数に上ります。

しかも、北海道から行く場合、ほとんどがパックツアーを利用しますから、羽田から浦安直行です。ここで本題に戻りますが、羽田—千歳間の航空路線を利用するものの、北海道人は滅多に東京で遊ばない、という一面もここでは浮き彫りになるのです。ディズニーランドにも東京にも行かない筆者は、まあ論外でしょうけど。

▼近くて遠い道内旅行

北海道人が足を向けないのは、東京ばかりではありません。

内地の人々はわれわれ北海道人に、「世界遺産の知床はスゴイの?」とか「最北端の宗谷岬ってどんな感じ?」などという質問をよく浴びせます。

筆者の場合、知床は25年前に一度行ったきりですし、稚内には一度も行ったことがありません。これって、道民としては恥ずかしいことだと思っています。やはり、道南・道北・道東・道央の各名所くらいは把握しておくべきですよね。

ですが、周囲を見回してみると、道内を隈なく歩いたという人は滅多にいません。やはり、北海道は広いんです。例えば、札幌から根室までは直線距離で約350キロ、東京—京都間に匹敵する距離で、しかも交通アクセスがとても悪いのです。

北海道人なら、知床だろうと襟裳だろうと霧多布《きりたっぷ》だろうとどこも知っていると思ったら大間違いです。道内旅行は、ヘタをすると道外へ出かけるより大旅行なんですから。

▼歴史のない町を活性化する方法

また、道内を車で旅していて、点在する市町村を通り過ぎるたびに気になるのが、どこをみても同じ風景が続いていることです。似たような住宅、似たようなチェーンのスーパーやパチンコ屋、コンビニが国道沿いに建ち並んでいます。さらに、地方交付税の賜でしょうか、風景に似つかわしくない立派な公共施設をしばしば見かけます。

そして、そうした一部の繁華街を除いてどこも寂れています。これは全国の地方都市にも共通していることかもしれませんが、ならばますます我が町、我が村の特色を打ち出す努力が必要ではないでしょうか。

一番手っとり早いのは、その町の歴史を喧伝することだと思います。内地の場合、その差別化は図りやすい。なにせ、何百年と続く故事来歴がどこにもあるのですから。わが町はかつて平家が落ち延びた隠れ里だったとか、村の寺には空海が護摩を焚いた跡が残っているとか、その土地土地の史実がひとつやふたつは必ずあるものです。これは道民にとって、なんとも羨ましいことなのです。

北海道は、沿岸の一部の港町を除いて、町の誕生は明治から始まっています。ですから、町の歴史は開拓の歴史と重なります。町や村の歴史遺産といえば、開拓功労者の住居や屯田兵の兵舎、あるいは鰊番屋や炭鉱跡などなど。歴史的特色がどこの町も同じようなものになってしまうわけです。

北海道人の旅行の楽しみ方は、せいぜい温泉に浸かるとか魚介類を食べるといったくらいしかありません。どこに行こうとたいして代わり映えがしない。これが、道内各地に足を伸ばさない、もうひとつの理由かもしれません。

でもなかには、頑張っている地域もあるんです。後述の旭川（旭山動物園）はその好例ですが、ここでは、オホーツク沿岸の上湧別町《かみゆうべつちょう》（現湧別町）を紹介しましょう。

明治に屯田兵村として開拓されたこの町は、戦後、農家存続をかけてチューリップを栽培し、球根の輸出で世界進出を果たしました。ところが、その後、世界市場の価格競争に負け、湧別町の球根栽培は消滅します。

これといった名産も産業もない湧別の町を観光地として変貌させたのは、老人たちでした。昭和50年代に、往時を懐かしむ老人たちが、趣味的に小さなチューリップ花壇を通り沿いに作りました。これが評判を呼び、花壇は年々拡大され、ついに約12ヘクタールの大規模な公園に変貌したのです。いまや、人口1万人しかいない道北の小さな町に、シーズンにもなると10万人の観光客がやってくるのですから驚きです。多少の不便さがあっても、面白いところには人は集まるんですよ。

ただし、夕張市のように観光政策として作った巨大テーマパークが財政破綻の主因になった悪例もありますから、ここが難しいところですよね。

（上）湧別町の風景とその位置（下）

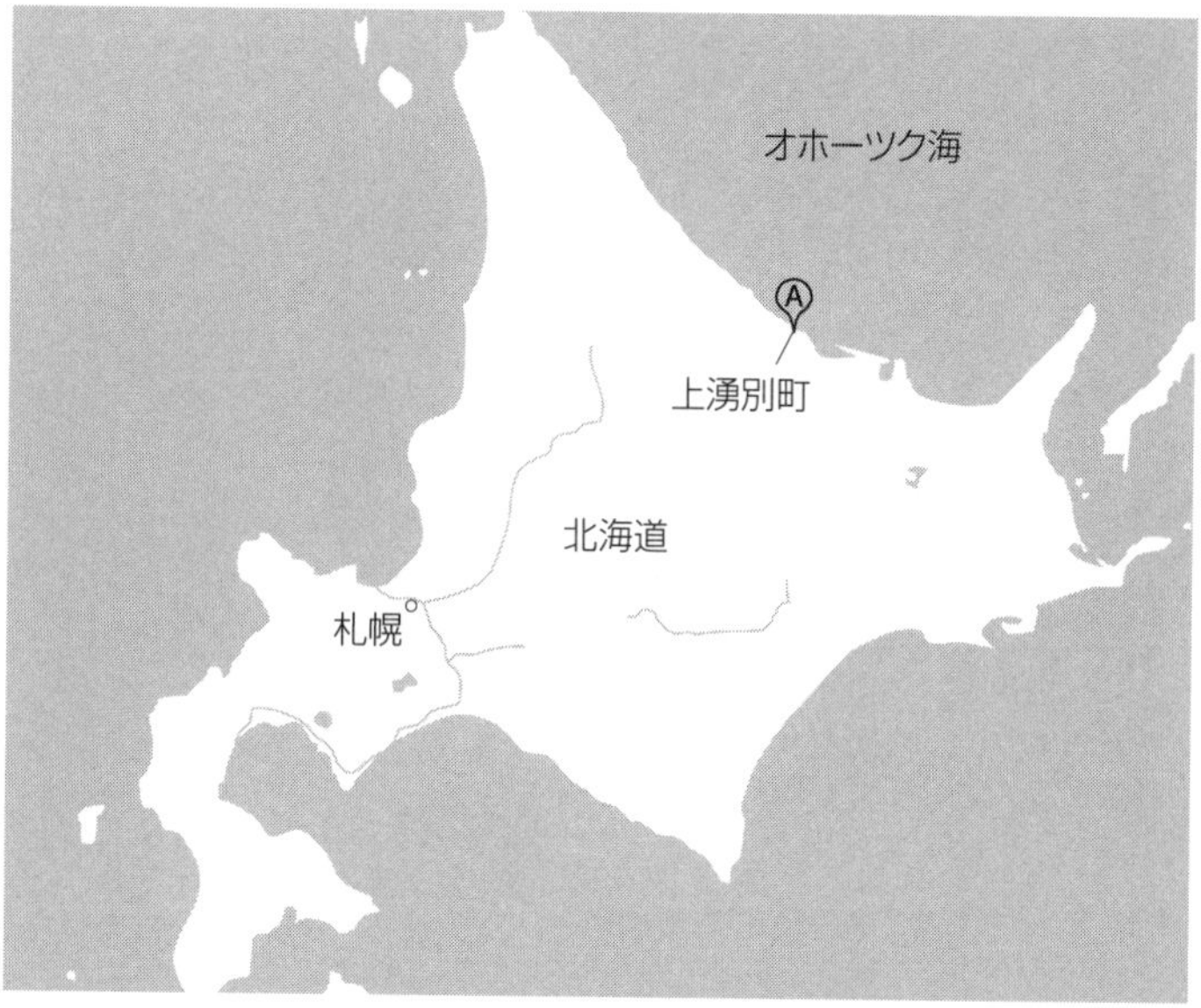

（2）田舎と過疎は違う

▼「北の国から」の舞台は過疎地だった

北海道といえば、倉本聰脚本のドラマ「北の国から」を思い出す人は多いはず。ドラマを見て田舎暮らしにあこがれた人も少なくないでしょう。

しかし、ここでお断りしておきたいのは、舞台となった富良野は〈田舎〉ではなく〈過疎地〉であるということです。北海道には田舎と過疎地があります。田舎はいまだ共同体が生きている町や村のことです。一方、過疎地はかつてそこに共同体があったけれど、離農し人々が去り、インフラが行き届かなくなった地域を抱える町のことです。

東京から故郷の富良野に戻った黒板五郎と息子の純、娘の蛍たちの生活を描く「北の国から」。ドラマは、過疎地である麓郷の森の中にある丸太小屋から始まります。

彼らは草を刈り、湧水を汲み、薪を割りと、まるで開拓時代に逆戻りしたような過酷な暮らしを送りますね。しかも、その過酷さには貧しさもついてまわります。すり減った運動靴を棄てられない純と蛍、東京へのみやげにかぼちゃを持参する五郎――物語のそこかしこで描写される彼らの純朴な姿に、視聴者はみな涙したといいます。

けれども筆者は、このドラマを見て、感動ではなく、隠していた傷を見られてしまったような屈辱と諦念を感じた記憶があります。もちろん、筆者は黒板家のような野生的生活をしたことはありませんが、北海道をこうしたわかりやすいアナクロニズムで表現されることに、抵抗を感じたのかもしれません。当時、筆者もまだ若かったんですよね。

このドラマでは、北海道の過酷な生活が容赦なく描かれています。にもかかわらず、このドラマがきっかけで、北海道への移住を真剣に考える人が多数出てきたというのは、おもしろい現象だと思います。

移住という決断を後押ししたのは、北海道の自然はもちろんですが、何よりも、忘れ去られようとしていたかつての手作りの生活の魅力に、再びスポットが当てられたからではないかと思います。黒板五郎のＤＩＹの巧みさは、まったく玄人はだしです。倉本聰はドラマの中で、五郎の仕事ぶりを徹底して見せていきます。家族で入る五右衛門風呂の楽しそうなことといったらありませんでしたし、風力発電も今から見ればエコの最先端ですよね。

さらに最後には廃品を集めて、グリム童話にも出てきそうな素敵な家を作ってしまったんですから。都会人がこれに魅せられてしまうのも、無理はないと思います。

▼過疎地暮らしはつらいよ

でも、手作り生活にあこがれるといっても、五郎さんのように爪に火をともすような暮らしはしたくないというのが、正直なところではないかと思います。それでも、過疎地暮らしを満喫したいなら、それ相当の資金力が必要です。

筆者の師匠は、札幌から40キロ離れた長沼町の丘陵に住んでいます。ここ2、3年で、ようやく近所にぽつぽつとログハウス調の家が建つようになりましたが、25年ほど前に住み始めた当初は典型的な過疎地でした。

筆者が初めて訪ねたのは10年ほど前のことですが、道路に熊が寝ているのに気づいて、急ブレーキをかけたことを覚えています。実は熊ではなく、真っ黒い大きな犬（放し飼いが可能だったんです）だったのですが、熊と見間違えてしまうほど人里から離れた場所だったわけです。

こうした土地で生活を営むためには、様々なインフラの整備が必要となります。

たとえば、水の問題。過疎地にもちろん水道など引かれていません。都会のように水を使おうとすれば、業者にボーリングしてもらって地下水をくみ上げ、安心して飲めるように巨大な濾過機を設置する必要があります。もちろん、メンテナンスは不可欠です。さらに上水道がなければ、下水道（排水設備）もありませんから、生活排水を処理するシステムも自前で用意しなければなりません。

交通手段としては、バスなどの公共交通機関ははなから望めません。自家用車は家族それぞれに必要です。さらに、畑を耕すなら除草機や農耕機を用意しなければなりませんし、冬場の雪対策として除雪機も欠かせません。

黒板五郎的生活に憧れるなら、まず「資金を用意する」ことです。こういっては、夢も希望もないのですが……。

▼札幌人は歩くのが大嫌い

過疎地暮らしと正反対なのが、札幌での生活です。筆者はつねづね、この街は全国一歩くのが嫌いで、しかも寒さの苦手な人間ばかりが住んでいると思っています。

内地の人はとにかく、よく歩きますよね。東京はその典型です。なにせ、どこへいくのも電車かバスですし、目的地に着くまでは何度も乗り換えなければなりません。通勤や通学だけでも、毎日相当の距離を歩いているはずです。

ところが、札幌は190万都市といえども、非常にコンパクトサイズ。「大通公園」と「札幌駅」に繁華街やら役所関係が集中しており、そこを東西南北に伸びる地下鉄が走っています。よほどの郊外に住む人以外は、通勤通学にもさほど時間を取りません。北海道の自家用車保有台数が全国に比べて39位と意外なほど低いのは、札幌の交通事情のよさも一役買っているはずです。

しかも札幌人は、外を歩くのが嫌いです。もちろん寒いからです。その象徴が都心部に整備された地下通路です。地下鉄開通を機に建設された「さっぽろ地下街」は、オープンからすでに40年が経過していますし、地下道も発達しています。なかには、増設されたはいいが、ほとんど活用されていない道もあります。札幌駅北口から北海道大学方面に抜ける通路や、北海道庁の本庁舎と赤れんが庁舎・議会庁舎、かでる2・7（道立道民活動センター）を繋ぐ地下道は、薄気味悪いほど人が通りません。

それにもかかわらず、2011年3月、札幌駅―大通公園間を結ぶ約680メートルの地下道が完成しました。すでに大通からススキノまでは地下街でつながっていますから、札幌駅からススキノまでの約1・5キロを一度も屋外に出ることなく歩けるようになったのです。

この計画に筆者は当初、批判的でした。通路の建設経費に見合うような経済的効果が見込めないと思っていたのです。ところがこの予想は外れました。「札幌駅前通地下歩行空間」と名付けられたこの地下道の賑わいは想像以上でした。

それまでは、駅と大通の間（冬期間は特に）は、地下鉄（一区間200円！　札幌って公共交通料金、高いんですよ）を利用していましたが、通路ができた途端、地下鉄で移動することはほとんどなくなりました。雪も寒さもしのげるし、歩けばダイエットにもなる。手袋もマフラーもいりません。

おまけに通路内には、公共のイスやテーブルが設置され、通路沿いには出店が並び、イベントなどが開催できるスペースがあったり、地上のビルと連動された飲食店などもあり、歩いていて飽きることがないのです。まあ、その一方で、札幌市民はますます寒さに弱い、贅沢でひ弱な人間になっていくというわけですが。

雪に埋もれる「過疎地」の家

札幌の地下街「オーロラタウン」

3 依存体質といわれ続けて

▼北海道の永遠なる持病

前述の地下歩行空間は成功したといえるかもしれませんが、公共施設をつなぐうすら寂しい地下通路とか、石炭手当をもらいながら真冬にTシャツで過ごすとか、道民の依存体質と浪費癖は今に始まったことではありません。これは、北海道が蝦夷と呼ばれていた時代から代々受け継がれてきた「持病」といってもいいでしょう。

江戸時代、道南の箱館一帯を支配していた松前氏（蠣崎氏）は、アイヌとの交易や漁業権を独占し交易品を中央政府に献上することで、徳川の幕藩体制に組み込まれました。そして、蝦夷での松前藩の統治形態は、商人やアイヌを利用して交易を行なって税を納めさせる「濡れ手で粟」的な性格を基本としていました。松前藩はそれで充足してしまったわけです。

その後、明治になり、蝦夷地は箱館戦争をくぐり抜け、北海道という新しい名称のもとで、開拓への第一歩が始まります。具体的に推進したのは、明治2年に設置された天皇・太政官府直轄の組織「開拓使」で、明治4年に組織のトップに就いた黒田清隆開拓次官によって、北海道はその歴史始まって以来の大変革期を迎えます。原動力はアメリカから持ち込まれた技術でした。黒田はアメリカまで出向いて、当時、合衆国政府の現職の農務長官だったホーレス・ケプロンのヘッドハンティングに成功します。農務長官といえば日本の大臣のような地位ですから、よく北海道に連れてこられたものです。それは、黒田の交渉力もさることながら、破格の報酬を支払ってのことで、明治政府が北海道開拓にどれほど力を入れていたかがわかりますよね。こうして黒田―ケプロンのコンビによって、西洋的技術を導入した本格的開拓が北海道で始まります（札幌農学校設置もこの一環です）。港を整備し道路を開削し、地下資源を掘り起こし、広大な原野は農地や酪農地へと変貌していきました。

政府は、北海道の開拓費用として10年間で1千万円を計上します。当時の国家予算が一年で4千万とか5千万円の時代ですから、まさに北海道開拓は、近代国家建設の象徴的事業だったのです。しかし、それでも開拓使は赤字となり、ついには黒田による官有物払い下げ事件（開拓使廃止にともない、官営事業を格安で官吏出身者に払い下げて批判を浴びた）へと発展していきます。

おそらくこうした開拓使時代の苦い経験から、北海道経営は予想以上に金がかかるというのが、明治以降の日本の役人たちに染みついた基本通念となったのでしょう。それに呼応するかのように道民も、わが北海道は中央政府に保護してもらうのが当然と考えるようになってしまったのです。

▼談合の歴史を守る北海道開発局

国土交通省の部局である北海道開発局は、こうした開拓使以来のセオリーをずっと守り続けてきた組織といえます。いまでも、公共事業費として年間約5千億円もの補助金を出してもらえるんですから。ありがたいことですね。

全国市民オンブズマン連絡会議の調査結果によると、2013年の全国都道府県の平均落札率は92・3パーセント。それに対して、北海道の平均落札率は94・9パーセントです。02～12年までの9年間における都道府県別落札率をみても、北海道はすべて10位内に入っており、そのうち5年(04、06、07、08、11年)は1位になっています。

全国市民オンブズマン連絡会議によれば、談合が疑われるのは落札率90パーセント以上の場合。それが95パーセント以上ともなれば、可能性は濃厚だと指摘しています。

そもそも、日本の全国平均落札率が90パーセントに近いことも異常ですけど、そのトップを走る北海道に至っては〈談合大国〉のレッテルを貼られたようなものですよね。道内では官製談合事件がホント多いわけですから、反論の余地はありません。

作家の猪瀬直樹氏が、北海道開発局の廃案を提言したことがありました。これは開発局を組織、人員をまるごと道庁に移管するという画期的なアイデアです。

そもそも道庁の公共事業と開発局の管轄地域が全く同じ「二重行政」なんですから、一括したほうがずっとすっきりしますよね。

この案が出されたのは、08年のことで、農業土木工事をめぐる官製談合で現職局長が逮捕された直後でした。この談合事件、開発庁時代であれば事務次官レベルの逮捕ですから、当時はテレビでも大きく報道されていました。結局、事件に関連して併せて9人の現職が逮捕され、開発局始まって以来の一大不祥事として記憶されました。猪瀬氏のアイデアは、もともと私案として温めていたものなのか、事件がきっかけで考察されたものかはわかりませんけど、実にタイムリーだったのです。

その後、逮捕された局長は、裁判で執行猶予がつきました。その理由がなんとも象徴的です。「歴代幹部が談合を主導してきた中で、被告だけを厳しく処罰するのは相当でない」（北海道新聞）というもの。いかに談合が組織的に習慣化していたかがわかりますよね。

公共事業における談合とは、簡単にいえば、国からの補助金を知り合いの業者と分け合いたいということです。家族や友達で手作りの「鰊《ニシン》漬け」を分け合う（北海道ではよくある風景です）のと違って、談合は税金である公金の詐取です。

犯罪はほとんどが密室で起こります。北海道開発局はまさに北海道という密室で、悪に手を染めたくなる誘惑が渦を巻くような組織であるというわけです。

そして皮肉にも、舌鋒鋭く画期的なアイデアを北海道に投げかけた猪瀬氏自身が、その後、献金疑惑で窮地に陥り、ついには職を辞すハメになってしまいました。さすがの猪瀬さんも密室での誘惑には弱かったのでしょうか……。しかしだからこそ、公共事業費として堂々と頂けるものなら頂きたい、というのが北海道民の気分かもしれません。体質はそう簡単には変わりませんね——。

▼立派な道路が死亡事故を多発させる

では、これまでの開発予算投入で、北海道はどんな贅沢をしてきたか。まずは道路です。

北海道の道路はすばらしく立派です。ほんの十数年前まで、北海道には砂利道や野良道はそこここにあったものです。当時のドライブはスリリングでした。新車で行けば砂利がはねてボディに傷がつくし、バイクなら足を取られて転倒する危険もありました。そこが北海道のワイルドさであり、ウィークポイントでもあったのです。

しかし、もはやそのような野性味あふれる道は、私有地以外にはすっかり見当たらなくなりました。安全ですがドライバーには面白みがありませんね。ついついスピードを出したくなるのもわかります。毎年、愛知県とトップを競う交通事故死亡者数の多さは、道路が立派すぎることも要因にあるのかもしれません。

一度、道路を補整せずに、でこぼこのまま放置してみてはどうでしょう。ぐっと事故率が減ること間違いありません。国道や道道はもちろん、いまや単なる農道でさえ、高速道路なみにきれいに整備されています。それでいて人の数は少ないのですから、一般道で時速１００キロを出すことな

ます。
にする必要があるのでしょうか。のどかですが、こうしたシュールな光景を見るたびに疑問がわき
残しながらのんびりと通っていきます。果たして、ほとんど車の通らないこんな農道までピカピカ
田んぼを突っ切るようにアスファルト道路が敷かれ、そこをトラクターが黒い土塊のタイヤ跡を
ど当たり前のことなのです。

▼巨大な釣り堀と化す港

道路もさることながら、港も凄いことになっています。

北海道には港が37港あります（特定重要港湾2、重要港湾10、地方港湾25）。なかでも道内最大の港が、特定重要港に指定されている苫小牧港です。貨物取扱量は全道の総量の約半分を担っていますし、外国からのコンテナの取り扱いも8割がここです。

北海道の公式ＨＰで道内全体の港湾貨物取扱量をみると、全体の9割以上を苫小牧と室蘭、函館、釧路、小樽の5港で扱っており、残りの32港は主に漁港として利用されています。

ところが、苫小牧にも匹敵するほどのポテンシャルを持ちながら、それがまったく生かされていない港があります。石狩湾新港です。

敷地も広大ですし、港湾施設も整っていますが、２０１４（平成26）年の年間（1～12月）入港隻数はわずか１６３１隻（石狩湾新港管理組合）にとどまっています。日数で割れば、1日あたり

4隻しか入港しなかったことになります。これは苫小牧の9分の1ほどにすぎません。背後に巨大な工業団地や物流センターが控えているにもかかわらず、埠頭に立つとあまりの静けさに泣きたくなります。

それでも5、6年ぐらい前は入港数が1200隻代にとどまっていましたから、それから比べれば随分増加したのです。輸移入品種で大きく数字を伸ばしたのはLNG（液化天然ガス）です。それは、平成23年に石狩湾新港がLNGの日本海側拠点港に選定され、北海道電力でLNGを燃料に使う道内初の火力発電所「石狩新港発電所」の建設が小樽市で始まったことが大きな要因でしょう。LNGは、石狩湾岸に建つ北海道ガスのLNG基地からパイプラインで小樽の発電所まで引き込み、2019年2月に第一号機の運転開始を目指しているそうです。とはいえ、まだまだ〝静か〟な石狩湾新港。これまで、この〝巨大〟な湾にどれだけの税金が投入されてきたか。費用対効果の問題はまだまだ先送りしたほうがよさそうです。

巨大な「釣堀」石狩湾新港（上下とも）
しかし、案外面白い使い方があるかも⇒ 97 頁

第3章

北海道の逆襲

～北海道に眠る未来のお宝たち

▼未来のお宝たちを探せ

北海道開発局（旧開発庁）という特殊組織一つとっても、北海道はやはり日本のなかで特殊な存在であることを気づかせてくれます。明治以降の北海道に対する「外地意識」（植民地意識）は、今も連綿と続いているんです。でも、筆者はそれを否定しません。北海道は開発の余地がいまなお残る地域、というよりも開発すればするほど可能性が増す土地なのですから。

つまり、北海道の逆襲はこれから始まるのです。これまでの2章は逆説的ながらそのお膳立てにすぎなかったのだとお思いください。ネガ（否定面）とポジ（肯定面）は背中合わせであり、北海道の弱点は利点、美点に転換可能なのです。

1 やっかいな雪と氷を利用する

▼北極海航路開通に一大チャンスあり

近年、北極海の氷が解け始めたことによって、新しい航路「北極海航路」が開かれようとしていることは、皆さんもご存知でしょう。北ヨーロッパからベーリング海峡を抜け、太平洋経由で北米やアジアへ至るという航海史上ありえなかった最短ルート、まさに夢の航路がいま開通しつつあるのです。この航路が開通すれば、きな臭いスエズ運河も、海賊が跋扈するマラッカ海峡も通らずにすみます。ホルムズ海峡での自衛隊の機雷除去の作業も必要なくなるかもしれません。

しかも、さらに期待されているのが、北極海の海底に眠っている資源です。研究調査によれば、未発見の石油・天然ガスの4分の1にあたる量が埋蔵されているとみられ、そのほかにもダイヤモンドや金などの鉱床も豊富にあるといわれているのですから、近隣諸国にとって、大変なチャンス

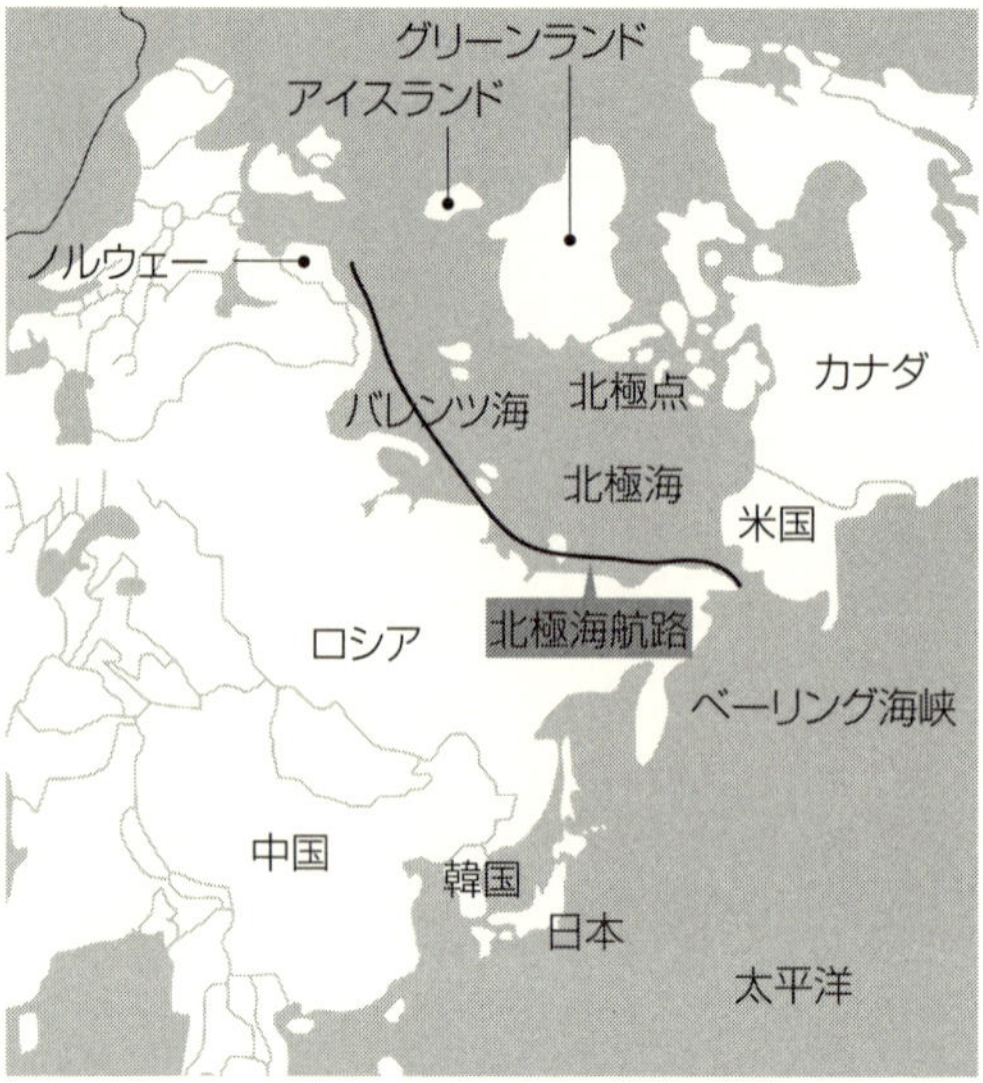

が到来しているのです。

　この海域のカギを握るのは、ロシアです。２００７年には早くも世界初の有人潜水艦を北極点付近に潜航させ、海底にロシア旗を立てました。これは北極海の大陸棚を巡る大がかりなパフォーマンスです。さらに3年後の夏には、中国に向けて初めて大型タンカーを航行させています。

　一方、こうしたロシアの動きを警戒したのがカナダで、さっそく北極海域の2島に軍事施設を建設したといいます。みなさん、やることが早くて恐れ入りますが、これが世界の常識なんですね。この海域を巡っては、日本にだってチャンスはあります。航路上、中継地として最も有利な位置にあるのが北海道と樺太（サハリン）だからです。このままいけば、前代未聞の物流革命は必ずや起こるでしょう。その時、中継基地兼補給基地としての北海道の地政学的重要性は、間違いなく高まるはずです。北海道にシンガポールや香港を凌ぐ、東アジアの巨大港湾都市が誕生することも、決して夢の話ではないのです。

このような状況を受け、北海道も2014年に策定された「北東アジア・ターミナル構想」の一環として昨年（2015年3月）、「北極海航路可能性調査事業委託業務」報告書をまとめるなど、ようやく本格的な取り組みが始まりました。可能性を実現させるためには、様々な問題をクリアする必要があるでしょうが、北海道始まって以来のビッグチャンスなのですから、遅きに失しないよう、お役人はじめ関係者のみなさまには頑張ってほしいと思います。

▼世界でも稀な雪国の大都会

北極の氷が融けるほどの地球温暖化とはいっても、まだまだ北海道は世界でも稀な豪雪地帯です。札幌市の降雪量は、ここ10年の平均で年間約487センチ（札幌管区気象台データによる）。青森には負けますが、このような豪雪地でありながら190万人を抱える大都市として機能する都市は、世界的に見ても札幌以外に見当たりません。これって、すごいことですよね。

ですから「さっぽろ雪まつり」などは、自衛隊の参加を云々する前に、世界でも稀にみるフェスティバルであることを、札幌市長はもとより道民ももっと自覚すべきかもしれません。地元民が行かないマンネリ状態に陥っている場合じゃないと思います。世界に発信していくためには、まつり全体を刷新するような強力なリーダーシップと的確なプロデュース力が必要なのかもしれません。「進撃の巨人」の巨大雪像で喜んでいるようじゃ、だめな気がしますけど、どうなんでしょう。

▼雪で冷やす、雪で保存する

雪の効用は観光面だけにとどまりません。CO_2を輩出しない冷熱エネルギーとして活用するための取り組みが、すでに始まっています。

なかでも美唄市は、１９９７年に産官学共同の「美唄自然エネルギー研究会」が発足し、雪エネルギーの利用に対して積極的に取り組んでいます。１９９９年には、日本初となる「冷水循環式雪冷房」をマンションに導入し、これをきっかけに、今では福祉施設や地域の温泉施設にも活用されています。

この冷房システムは、冬の間に大量の雪を専用倉庫に貯蔵し、夏場に融かした時の冷気と冷水を使って室内の空気を冷やすというもので、同市では農業分野での利用も始めています。貯蔵する雪の冷気を利用した巨大な氷室は、年間を通して低温、高湿度を保てるのが特徴です。ここでシーズンに収穫した野菜を保管しますが、単に鮮度を維持するだけでなく、野菜の旨みや甘みも増すという効果もあり、まさに一石二鳥です。

01年には、国内最大の貯雪施設「雪蔵工房」も完成しました。貯雪量はなんと3万6千トンもあり、貯蔵される6千トンの米は収穫後も新米のような味が長く維持されるのだそうです。これなら、新米にこだわらなくても美味しい米が常に食べられそうですね。

こうした美唄での動きは、２０１２年3月、雪冷房専門の設計とコンサルティングを行なう「雪

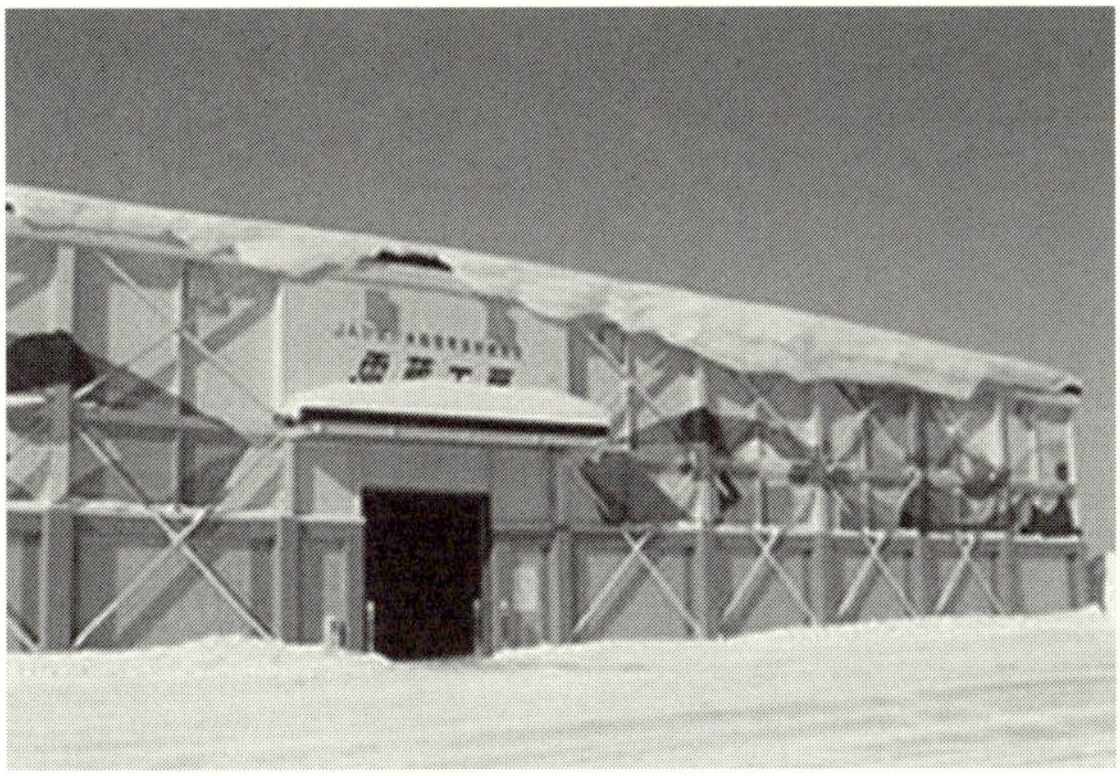

上下とも日本最大の貯雪施設「雪蔵工房」

屋媚山商店」の起業へと結びつきました。立ち上げたのは、前述の「美唄自然エネルギー研究会」の中核メンバーで、この分野の研究では第一人者である室蘭工業大学教授の媚山政良さんと大手建設会社で雪冷房設備などを手がけていた本間弘達さん。雪自体の価値を最大限に活かし、ビジネスにつなげようという民間会社の誕生は、北海道初でありすなわち日本初。排雪を首都圏に輸送して冷蔵冷房に活用しようという試みや、都内のホテルで雪のオブジェを演出したり、洞爺湖サミットでは、開催時期に合わせて雪冷房で開花時期を遅らせた雪中桜が話題になりました。さらにロシアサハリンでも、農作物3千トンを貯蔵する初の巨大雪氷倉庫を手掛け、今年(2016年)から利用が開始されるのだそう。道民のひとりとしていま大注目の企業です。

▼クラウド天国

雪を含む寒冷地特有の気候を活かしたエネルギー対策は、ネットビジネスにも大きなメリットとなりそうです。いまや世界標準となっている「クラウド・コンピューティング」は、従来、企業や個人が自前のパソコンで行なっていたデータ処理を外部の情報処理センターに肩代わりさせるシステムのことです。『クラウド時代と〈クール革命〉』を書いた角川書店会長の角川歴彦が「クラウドは21世紀の産業革命」だと指摘したとおり、日本でも、民間利用のみならず、各府省のシステムを集約して運用する「霞ヶ関クラウド」構想や、自治体の業務サービスなどを運用するための「自治体クラウド」の導入が進められています。

ところが、このクラウドの利用を拡大していくためには、それらのデータを蓄積するための巨大なデータセンターが必要になります。現在、クラウド事業の最先端を走るアマゾン、マイクロソフト、グーグルなどは、世界各地に巨大なデータセンターを所有しています。そして、こうした施設に必須とされるのが、コンピュータの発する熱を冷やすための冷却装置なのです。このコストの大きさが、企業にとっても重要な問題になるわけです。

もうおわかりですね。データセンター建設に必要な広大な土地を安価に用意でき、なおかつ雪氷を利用した低コストの冷却エネルギーを確保できる北海道は、最適な条件を備えているのです。

前述した美唄市は、2015年9月に雪屋媚山商店などと共同で「ホワイトデータセンター」構想を発表しました。これは美唄市の空知団地内に、雪の冷熱エネルギーを活用したデータセンターを誘致するというもの。一年を通じセンター内を適温に保つためには、数万トン単位の雪が必要になりますが、そのための大量の雪を確保できるのも敷地面積の広さと分譲価格の安さがあればこそです。さらに、サーバーから出る廃熱や雪解け水を利用し、冬期間のビニールハウスなどへの再利用も可能というのですから、エネルギーを余すところなく活用する、実にエコなアイデアが実現しようとしているのです。

さらに前項で紹介した石狩湾新港を抱える石狩市も、寒冷な海沿いの気候を利用して、港に隣接する工業団地にデータセンターの誘致を行なっています。すでに2011年には、大阪に本社のある「さくらインターネット（株）」が「石狩データセンター」を設置し、運用を始めています。

そして同社は、2015年8月から施設で消費する電力を同市に設置した太陽光発電所から直流送電するシステムを導入しました。給電状況を自動判別し、太陽光の電力を優先的に使い、電力が不足する場合は、電力会社の交流電力を高電圧直流（HVDC）システムを介して直流で給電、さらに停電時には、非常用蓄電池から給電するという三段階で電力をまかなおうというシステムです。こうした画期的な取り組みが可能となったのも、新しいシステムを積極的に受け入れる自治体のやる気？と環境があればこそ。

しかし、道内にはまだまだ空いたままの工業団地が数多く存在します。これを活用しない手はありません。インターネットの巨大な雲（クラウド）は、北海道に大きなビジネスチャンスを呼ぶ可能性大なのです。

かつて石炭は「黒いダイヤ」と称賛されました。それに対して、最近では、自然エネルギーとしての雪を「白いダイヤ」と呼ぶようになりました。しかし、雪は石炭とは逆に、熱を作り出すのではなく「消費を抑制しかできない特殊なエネルギー源」（旭川教育大学・角一典准教授）です。でもそれって、実にストイックでクールなエネルギー活用法だと思いませんか。

▼自然エネルギー供給地（風力には騒音被害も）

では次に、いま注目の再生可能エネルギーの道内事情もちょっと覗いてみましょう。

道内でいち早く風力発電を導入したのが、後志地方の寿都町です。ここは「寿都だし」呼ばれる日本海からの強い風が吹く地域で、その地の利を利用して、１９８９年に地方自治体として日本初の風力発電施設を設置しました。現在、町内で11基の風車が稼働し、売電収入を得るほどの成功を収めていますが、最初の1号機は採算の問題やシステム的な理由で失敗に終わります。

現在の成功の先駆けとなったのは、1号機の設置から10年後のこと。町営温泉施設への電力供給を目的に、1号機の15倍の能力を持つ大型風力発電機が導入され、ここから町の風力発電に拍車がかかります。4年後に浜中海岸に建設された「寿の都風力発電所」に3基、さらに4年後には寿都湾沿いに「風太風力発電所」が開設された際に5基、２０１１年に新たに2基が増設されました。そして、最初の建設から四半世紀以上を経た現在では、売電収入によって水道料金を約3分の1に引き下げたり、余剰分で商品券を発行したりと地元住民への還元が実現しているのです。もちろん成功に導いたのは、最初の失敗で諦めることなく、可能性を捨てなかった片岡春雄町長をはじめとする風力発電所建設の計画推進者らの努力とチャレンジ精神であったことはいうまでもありません。

そしていまでは、寿都町のような自治体や企業なども参入し、道内各地で風力発電所が稼働するようになりました。

なかでも道北の日本海側は風力発電事業に積極的に取り組んでいる自治体が多く、苫前町と稚内市には広大なウィンドファームがあります。海を眼下に臨む丘陵に巨大風車群が立ち並ぶ風景は、まるで「風の谷のナウシカ」を思わせるファンタジックさです。

とはいえ、風力発電には、低周波音の問題やバードストライク、故障の多さなどクリアしなければいけない課題が多いのも事実です。

昨年秋には、ソフトバンクの関連会社や北電などが出資して計画が進められていた送電線の新設が、採算面などの問題で凍結されました。それとともに大規模な風力発電所の建設計画も振り出しに戻ってしまいました。大がかりなエネルギー事業はなかなかスムーズに進まないものですが、それでも今回のことで、この地域にはリーディングカンパニーを呼び込むポテンシャルがあるということを少なからず証明したことになります。

かつてニシン漁で人々の運命を翻弄し、栄枯盛衰の歴史を刻んだ海沿いの町々が、これから先、莫大な予算を投じたエネルギービジネスの先進地になるかもしれないのです。

▼太陽光発電が苫東を変える!?

風力発電とともに、いま注目を浴びているのが太陽光発電です。道内では、2015年12月に日本最大級のメガソーラー「ソフトバンク苫東安平《とまとうあびら》ソーラーパーク」の運転がはじまりニュースになりました。166ha（札幌ドーム約30個分）という広大な敷地には、44万4千枚のパネルが設置されており、最大で11万1000kWの電力（一般家庭で3万世帯分の電力使用量に相当するらしい）が作られるそうで、北電への売電額は、なんと年間43億2千万円を見込んでいるというから驚きです。

でも、ちょっとまってください。北海道がいくら広いとはいえ、どうしてこんな広大な敷地が確保できたのか。きっとここに至るまでには、強引な土地買収や自然破壊などダークな面もあったに違いない。内地の方々ならそう考えても無理はありません。

実はそこには笑えない歴史的経緯があるのです。この一帯は、昭和46年に第三セクター「苫小牧東部開発株式会社」が事業主体となって動き出した北海道開発庁肝入りの国家プロジェクト「苫小牧東部大規模工業基地開発基本計画」の用地、約1万ヘクタールのうちのほんの一部なのです。

1万ヘクタールという土地がどれほどの広さなのかというと、東京23区の面積が約6万ヘクタールですから、その約5分の1です。そもそもこのあたり一帯は湿地帯で、開拓農家が大変な苦労をして開墾してきた土地も含まれていました。そんな地にふってわいたとんでもない国家事業に、農地は次々と買収されていきます。

さらに巨費を投じて人造港まで作り、巨大コンビナートの建設が準備されますが、結局、全体の2割程度しか売れず、約1800億円の債務を抱えて、平成11年に会社は破たんします。その後、新会社「株式会社苫東」が事業を引き継ぎ、現在に至りますが、いまだ4千ヘクタールもの用地が何も使われていないままなのです。ですから、今回のメガソーラーの設置は、負の遺産をプラスに転じる絶好のチャンスともいえるわけです。

そしてまたこんな見方もできます。実は、工業地帯の近くには日本初のバードサンクチュアリに指定されたウトナイ湖があるのです。もし40年前に苫東に巨大コンビナート建設が実現していたら、こうした自然が守られていたかは甚だ疑問です。その点、太陽光発電ならいまの環境は最低限守れるでしょう。人生同様、何が幸いするかは時を経てみないとわからないものなんですね～。

2　森林からの逆襲

▼森林王国北海道の衰退

国土の約7割を森林が占める日本は、先進国の中でフィンランドに次ぐ世界第2位の森林大国です。そしてわが北海道の広大な森林は、日本全体の約2割を占めています。

でも、そんなに森があるのに、国内の木材自給率ってわずか2割しかないそうです。道産木材の供給率に至っては、国産材のわずか4分の1という有様。なぜ、こんなことになってしまったのでしょう。

そもそも日本の林業は、石炭産業と戦後の住宅ラッシュで大きく需要を伸ばした昭和30年代後半から40年くらいまでが最盛期でした。炭鉱近隣の農家は家計を支えるため山に入り、伐った木を街に持っていけば、炭鉱で使われる坑木や枕木としてなんぼでも売れたといいます。

しかも、目の詰まった良質な木質の道産材は欧米へも輸出されており、この時代の北海道は森林王国の名に恥じない実績を上げていました。その勢いもあって、国はさらに木材供給能力を高める目的で、天然林や原野を次々と人工林に転換していきます。

その結果、国内森林の約半分が人工林へと転じることになります。ところがその後、石炭から石油へのエネルギー転換が起き、さらに外材の輸入自由化で国産材の需要は一気に萎んでしまうのです。現在の伐採量は、ピーク時の昭和36年度に比べて約3分の1にまで減ってしまいました。林業の衰退です。

では、林業が衰退すると山はどうなるのか。木々は放置されるままになります。

木が切られず残ることは、CO_2対策として地球によいことなのじゃないか――無知な筆者は当初、そう思いました。ところが、そうした考えは間違いでした。間伐されず密集したまま放置された森林は、京都議定書におけるCO_2削減量の対象にならず、エコに貢献すらできないのです。

つまるところ、林業の復活なくして森林は支えられないわけです。道も07年に「林業再生モデル推進部会」を発足させ、森林管理と低コスト高品質の木材供給のためのシステム構築を始めました。

さらに、民間団体や企業と自治体との協働も増えてきました。09年には、道北の上川郡下川町と作曲家・坂本龍一率いる環境団体「モア・トゥリーズ」が提携し、町有林の間伐が実施され話題になりました。

しかし、派手な活動は一部だけのことで、道内森林の3割を占める民有林はその多くが零細規模の林家が所有するため、今も手つかずというのが実情です。木を育てて刈り取り、木材産業として循環させていかないと、森の健康は守られていかないというわけです。そのための木材産業の振興策が模索されていますので、その一部をご紹介しましょう。

▼世界に誇る道産材と旭川家具

安価な輸入家具がインテリアショップの店頭を賑わす昨今、旭川の良質な木材にこだわり、高い技術とデザイン性で今や高級家具ブランドとして海外に輸出されるまでに成長した北海道の会社があります。長原實氏が率いる、「カンディハウス」です。

あの旭山動物園ですっかり有名になった旭川市周辺は、もともと開拓使時代の調査報告に「建築用材ハ自家用の外、幾数十年間輸出スルモ尽ルコトナシト検定ス」と記されたほど、巨木が密生する原始の林でした。

その報告書通り、豊富な森林資源は次々と伐採されて海外や本州へ運び出されていき、地元では自家用以外の価値を与えることができませんでした。

主な輸出材は柳類と針葉樹です。柳はマッチの軸として、山間部の針葉樹は建築材として需要があったものの、国内で使い道のない広葉樹は雑木扱いだったそうです。というのも、その頃の家具材といえば本州産と相場が決まっていたことと、家具自体の需要もまだ少なかったからです。

そんな雑木の中でも、ナラ材だけは欧米から引き合いがあり、戦前から輸出され続けていました。

ナラは、世界市場では高級木材だったからです。しかし、家具作りへの意識が薄く、技術も未熟な旭川木産業は、ナラ材に価値を見いだせず、鉄道の枕木や燃料用として利用する程度にとどまっていました。

こうした旧来の認識に異を唱え、旭川を「木材の街」から「家具の街」へと変貌させる道を切り開いた人物が、長原實氏なのです。

昭和10（1935）年、東川村（現在の東川町）の農家に生まれた長原氏は、中学卒業後、家具職人への道を歩み出します。町工場で職人として働きながら、デザイン性を重視した家具作りを模索し始めた頃、長原氏にチャンスが訪れました。昭和38（1963）年、旭川市が実施した「海外派遣技術研修生」制度に応募したところ、ドイツ行きの権利を得たのです。

ある日、研修中の長原氏はデンマークで道に迷い、偶然たどり着いた港で懐かしい匂いを嗅ぎます。「北海道のナラ材に違いない」。そう思った長原氏が夢中になって辺りを探すと、やはりありました。そこには、「OTARU」と刻印された材木の山が。しかも、地元では見たこともない上質な材ばかりだったのです。

故郷のナラが、ここで高級家具に生まれ変わり、日本に逆輸入される――。故郷の宝を生かせない屈辱が、長原氏の人生を決定づけました。

旭川に戻った長原氏は、「インテリアセンター」（のちのカンディハウス）を設立し、ナラ材を使った椅子を手作りする日々をスタートさせます。やがて、その家具は首都圏で評判を得るようにな

旭川市にある「カンディハウス」の外観（カンディハウス提供）

り、その成果が地元の家具職人たちの励みとなっていきます。

現在、旭川には30社を超える家具工房があり、道産材を生かしたシンプルかつモダンなデザインが「旭川家具」の個性となっています。長原氏が故郷に持ち込んだ新しい風は、今や旭川を世界へ導こうとしているのです。

そんな旭川家具生産の中心地が、長原氏の生まれ故郷でもある東川町です。旭川市内から車で15分ほどの隣町ですが、全国からアーティストが移住し、家具工房はもちろんのこと、写真スタジオや木製の工芸品や陶器を作る工房、おしゃれなカフェやロッジなどが数多くでき、クラフト村として注目されています。

さらにこの町では、木にこだわった産業への取り組みの成果を地元の人々に還元しています。町で生まれた子どもたちに椅子を贈る「君の椅子プロジェクト」で、2006年から始まり、「椅子は子どもの居場所の象徴であり、子どもを見守る地域社会を再生するとともに、地域に根ざした生活文化を築いていきたい」という願いを込めてのものです。

粋なアイデアですよね。と同時に、〈木の街〉を地元の人々に発信しながら、街の産業を継ぐ次世代に〈木〉イメージを浸透させてゆく効果もあり、感心させられます。

2015年10月8日、旭川家具とともに北海道のものづくり文化の発展に尽力された長原氏が亡くなりました。しかしその精神は、長原さんの私財を基に作られた「人づくり一本基金」（北海道文化財団）という形で遺され、後進の企業や職人を支援する形で受け継がれています。海外の木材を使った安価な家具づくりに阿《おもね》らず、故郷の木材にこだわってきた長原氏。厳しい環境に耐えながら根を伸ばし、幹を太らせ葉を茂らす大雪山の巨木の如き人生には敬服するばかりです。

3 新幹線の逆襲

▼北海道新幹線は道民の長い夢だった!?

今年（2016年）3月、ついに北海道新幹線が開通しました。新幹線が北海道にどのような新風を吹き込むのかに注目が集まっていますが、大きな経済効果を生む反面、新幹線が通れば地方の市町村は素通りされ、街も在来線もダメになる。そんな懸念の声も聞こえてきます。2030年には札幌へ延伸も決まり、そうなればさらに様々な面で明暗が増すかもしれません。そうした予測や評価をする前に、一本の映画を紹介したいと思います。1982年に公開された『海峡』（監督：森谷司郎）です。

この映画は、青函トンネル工事に携わった国鉄技師の奮闘を描いた物語で、その主人公を高倉健が演じています。東宝創立50周年記念作品ながら、地味な内容のせいか、健さんファンを自認する方でも案外見過ごされているようです。

ここであえてこの映画を紹介するのは、青函トンネルがなければ北海道新幹線は存在しないからです。〝当たり前じゃないか。これまでだって青函トンネルがなければ急行「はまなす」も寝台特急「カシオペア」だって走れないだろう〟などと反論されそうですが、そうではないのです。

青函トンネルの建設工事が始まったのは、1964（昭和39）年ですが、この時すでに、新幹線を通す前提でトンネルが設計されていたのです。つまり、北海道新幹線の開通は、半世紀をかけてようやく辿りついた青函トンネル工事の〝終着点〟なのです。

では、なぜこの時代に、これほど大掛かりな事業計画が持ち上がったのでしょうか。映画をみると、まるでドキュメンタリーを観ているかのようにトンネル建設を決めた背景や難事業に挑んだ工事関係者たちの執念がよくわかります。映像の力はなかなか侮れません。

映画はモノクロの画面から始まります。「昭和二十九年九月二十六日」という字幕とともに、大荒れの津軽海峡でいまにも波浪に飲み込まれそうな船が映し出されます。洞爺丸を含む5隻の青函連絡船が台風によって沈没し1430人もの犠牲者を出した海難事故、いわゆる「洞爺丸事故」がまさに起ころうという場面です。そして続く場面はその翌日、函館七重浜の波打際に多くの溺死体が横たわる痛ましい光景が描かれます。そこで画面は一転カラーへ。「昭和三十年二月」という字幕に続き、カメラは、竜飛岬の浜辺で献花を携えた一人の男の背中を捉えます。この人物が、青函隧道建設のための地質調査にやってきた、健さん扮する国鉄技師の阿久津剛（モデルは、「ミスター海底トンネル」の異名をとった持田豊氏だそう）です。

映画は、阿久津を中心に腕利きのトンネル掘り職老人（森繁久彌）、洞爺丸事故で母を失い、トンネル工事に従事する青年（三浦友和）、阿久津に想いを寄せる女性（吉永小百合）などを配し、先進導坑が開通するまでの長い歳月と、それを待ちわびる人々の人生を描いていきます。先進導坑というのは、文字通り本坑より先に掘り進めていく調査坑で、それゆえに常に危険と背中合わせなのです。

映画は実際の坑内でも撮影されており、当時の工事現場の過酷な環境が映像を通してよく伝わってきます。筆者にとってそれは想像以上のものでした。坑内の湿度は１００パーセント、ごつごつした岩肌の隙間から常に地下水が浸み出ており、長靴を履いての作業が要求されます。そのうえ、いつ異常出水が起こりトンネルもろとも水没するかわからないという危険を抱えての難工事だったのです。

映画もクライマックスは異常出水の場面でした。フィクションとはいえ、トンネル内の岩肌から海水が漏れだし、天盤がガラガラと崩壊していく様の恐ろしさといったらありません。実際にも、4度の大きな異常出水があり、結局、工事期間中に34名（詳細は未発表）が殉職したと言われています。それでも男たちを前へ前へと進めさせた原動力は、一体なんだったのでしょうか。

「あれが北海道か。信じられないな、この海の底を新幹線が走るなんて！」

映画の中盤、竜飛岬から北海道の島影を望みながら、少年が夢見るようにこんなセリフを呟きます。工事に従事した人たちも、きっとこの少年が幻視していたものと同様、「夢の超特急」がこの暗いトンネルを走り抜ける姿を夢想していたに違いありません。

そして、先進導坑開通から4年後の1987（昭和62）年11月、ついに青函トンネルが完成します。しかし、残念ながら、そこに新幹線は走りませんでした。23年にもわたる長期工事の間に工費が予定の3倍にも膨れあがり、新幹線を通すことは見送られてしまったのです。

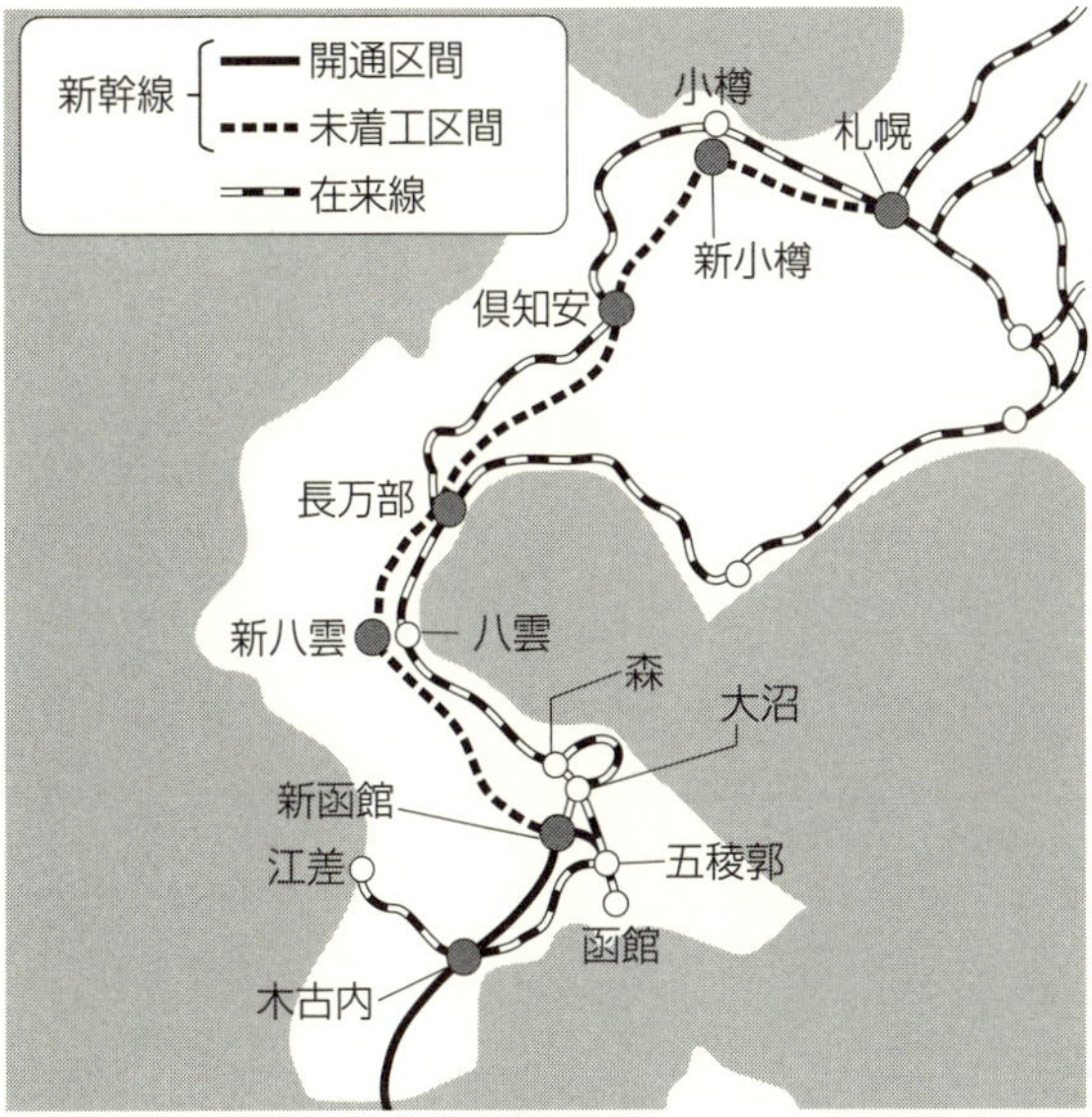

それからさらに29年を経て、ようやくいま、その「夢」が現実になりました。工事開始から数えれば実に半世紀。工事に従事した人、洞爺丸事故を知る人は、そう多くは残っていないでしょう。祝・開通で一過性のお祭りモードで終わらせず、この偉業を、津軽海峡を隔てて住む東北と北海道の人間がしっかり語り継いでいくことこそが大事だと思うのです。それは同時に、「洞爺丸事故」から62年を経て供えることのできる最高の手向けでもあるはずです。こうした

背景と物語を知ると、北海道新幹線の乗り心地も違ってきますよね。

▼鹿児島まで行って、なぜ稚内まで行かないの

では現実問題として、北海道新幹線は私たちにどのような変化をもたらすのでしょうか。筆者は専門家ではありませんが、「夢」なら語ることはできます。そもそも青函トンネル構想だって「夢」から始まった話なのですから、いいでしょう。

札幌までの延伸が決定したとはいえ、これで道内観光がさらに成長するかというと、あまり変化はないというのが筆者の予想です。世界一のドル箱路線と呼ばれる新千歳　羽田間の利用者は新幹線が開通してもそう変わらないでしょう。だって、札幌に行くなら、利便性も時間も料金も断然、飛行機のほうに軍配が上がりますからね。

では、どうすれば北海道新幹線を最大源に生かすことができるのか。それは新幹線を札幌以北へと延伸することしかないと思います。北海道の政治・経済・文化の中心である札幌と地方都市を短時間で結ぶことこそ、最大の利点となるのです。

札幌―函館間ですら、ＪＲで３時間強、車では４時間もかかり、日帰りするのは相当にタイトなスケジュールです。それが新幹線なら、たったの50分で行けてしまう。もはや通勤圏内といっていい所要時間です。

例えば、札幌に来た観光客が駅から50分の函館へ観光に行き、同じ日に松前まで足を伸ばすなん

てこともできてしまうのです。かつて、函館の避暑地と呼ばれたにもかかわらず、いまじゃすっかり閑古鳥の大沼湖畔にだって、朝一番で札幌から新幹線で函館に行って、そこから列車に20分乗れば行けます。大沼湖畔で遊んで、その晩に札幌に戻ってくることも充分可能です。つまり、新幹線を道内外を結ぶルートとして利用するより、道内を循環する交通手段として活用するわけです。

新幹線によって札幌と地方都市間の移動時間が短縮されれば、物流や人の流れが活性化し、在来線の付加価値も上がるのではないでしょうか。もっとも地方の市町村が、これを機におらが町に皆が足を向けたくなるような観光政策や産業をアピールしないと、効果は上がりません。市町村の意識改革なくしては、新幹線が通っても通らなくても同じことです。

さらに新幹線は、クリーンな北海道のイメージにもぴったりです。新幹線の乗客一人当たりのCO_2排出量は、航空機に比べてわずか5分の1、自動車の7分の1にすぎません。しかも、整備費は航空輸送よりずっと安価で、荒天にも強く安全性は高いとなれば、新幹線こそ北海道に最適な輸送手段といえるかもしれません。

函館（新函館北斗）から札幌までの延伸で終わらず、札幌から旭川までの延伸を早期に決める。そうすれば道内はもっと近くなります。飛行機での移動が、点と点をワープするような空間感覚を持つとすれば、新幹線は、直線的な移動感覚があります。しかも劇的に速い。だから、もし釧路や稚内あたりまで新幹線が伸びたら、内地の人にとっても、北方領土や樺太が目と鼻の先といった感覚になるんじゃないでしょうか。日本人の北海道に対する辺境意識も、ずいぶんと変わるに違いありません。もちろん予算の問題があるので現実には不可能でしょう。あくまで「夢」の話です。

でも、北海道新幹線の開通を契機に、北海道は不便な大地のままでいくのか、利便性を重視した商業化を道内の隅々に行き渡らせるようにするのか、態度を決めなければいけません。黙っていたって、過疎化からは免れられないのですから。

4 宇宙開発を先どる——過疎の街から宇宙を目指す

▼廃坑の街赤平《あかびら》の奇蹟——宇宙ロケット開発

２０１０年に小惑星探査機「はやぶさ」が帰還以降、宇宙ブームが続いている昨今。２０１５年秋には、「はやぶさ２」が地球スイングバイに成功し、目的の小惑星へ向かって新たに旅立っていきました。こうした成果とともに、にわかに注目を浴びたのが、ＪＡＸＡ（宇宙航空研究開発機構）の存在です。「はやぶさ」プロジェクトに関わった職員たちが主役の映画まで作られるようになったのですから、いまや花形企業ともいえますよね。宇宙戦艦ヤマト世代の筆者にとっては、ここで働くスタッフの皆さんがヤマトの乗組員と重なって見えてしまいます。

そんな筆者憧れのＪＡＸＡ研究員たちが、足繁く通う場所が北海道にあります。赤平市の工業団地内にある、「植松電機」という小さな町工場です。

札幌から80キロ北東に位置する赤平市は、かつて炭鉱で栄えました。しかし、廃坑後は過疎化が進み、現在では財政再建団体目前と囁かれる財政難の小さな街です。植松電機は、そんな市が産業誘致のために造成した工業用地に2000年、隣町の芦別市から移転してきました。

本業は、パワーショベルに付けるリサイクル用マグネットの開発・販売を行なう会社で、自社開発したマグネットは現在、リサイクルの現場でシェア90パーセントを誇る画期的製品となっています。

しかし、ここではさらに驚くべきものが作られているのです。なんと宇宙ロケットです。植松電機の専務取締役である植松努氏（芦別市出身、1966年生まれ）は、そのロケットの開発者である北海道大学の永田晴紀教授とともに、同じ敷地内で宇宙機器の開発製造などを手がける株式会社「カムイスペースワークス」を運営しているのです。

▼小型化で低コスト、低燃費を実現

カムイスペースワークスが開発・製造するロケットは、もちろんJAXA公認の本物です。素人説明で申し訳ありませんが、その性能をざっとご紹介しましょう。

このロケットの特長はエンジンにあります。通称CAMUI（カムイ）式と呼ばれるハイブリッド・エンジンは、燃料に火薬でなくポリエチレンを使うことで、通常の200分の1という大幅なコスト削減と、至近距離で発射作動ができる安全性を実現しました。

現在、地球の周囲を飛んでいる人口衛星は、3千個近くあるだろうといわれています。これまでは、人工衛星を一つ飛ばすためだけでも、巨大な動力を搭載したロケットが必要でした。

しかし、科学技術が発達し人口衛星は小型化してきました。もはや衛星を飛ばすために、巨大なロケットは必要なくなったのです。近い将来、小型ロケットによる衛星打ち上げビジネスが本格化するともいわれ、カムイ式ロケットはそのニーズに応える次世代型として、世界から注目を集めているのです。

▼世界で唯二の無重力環境装置、コスモトーレ

ここではロケット製造のほかに、人工衛星や宇宙開発に伴う様々な実験も、研究機関と連携しながら行なっています。そうした宇宙開発の場としての象徴が、町工場に併設された「コスモトーレ」と呼ばれる高さ50メートルの巨大な銀色の鉄塔なのです。

これは、カプセルの中に実験装置を入れて落下させ、3秒間の無重力環境を生み出す装置で、世界広しといえどもドイツとここ赤平にしかありません。JAXAなど国内の研究機関のみならず遠く海外からも研究者がここにやってくるのは、この実験装置を使うためでもあります。以前は国内にも他に2カ所ありましたが、経費がかさむため閉鎖されてしまいました。

ドイツにある施設は、5秒間の無重力実験に1回120万円もかかるそうです。ところが、ここでは実験がやり放題なのです。これまでに400回以上の落下試験が行なわれています。というの

も、この施設は植松氏が自身の生命保険を担保に資金を作り、社員たちと設計・施工して建てたものだからなんです。だからこそ、使い放題にできるというわけ。

▼「産学」協同のモデルケース

しかし、なぜこうした先端的研究が、北海道の田舎町で行なわれているのでしょうか。

植松氏と永田氏をとりもったのは、北海道宇宙科学技術創生センター（HASTIC）会長の秋葉鐐二郎氏（東京大学名誉教授で、北海道における宇宙開発事業を支え推進してきたスゴイ人）です。

この秋葉氏を介して、カムイロケットを開発したものの助成金の申請が認められず壁にぶつかっていた永田氏を、植松氏は紹介されます。永田氏から現状を聞いた植松氏は、その研究を支えるために自社工場を実験場として無償提供することをその場で即断します。こうして、カムイロケット開発のため、永田氏（研究機関）と植松氏（企業）の利害を超えた二人三脚が始まりました。

植松氏は、永田氏との協同研究にあたり、CAMUIロケットエンジンを一人で組み立て、燃焼実験を行ないました。これを見た20人の工員たちが、「俺たちもやれるかもしれない」と製作に参加するようになり、植松電機は世界でも類を見ない小さなロケット工場へと変貌していったのです。

今や社員たちは、外国の技術者にひけを取らないほど宇宙機器に精通し、その自信と知識と技術が本業の商品開発に生かされて、会社の業績を相乗的に押し上げるまでになっているのです。

「植松電機」の植松氏

赤平市の「植松電機」の外観

▼「過疎地」だからこそできる夢の学校

植松の夢はさらに広がっています。会社横の13万平方キロメートルの土地に学校を作ろうというのです。住宅コストは10分の1、食べることコスト半減、学ぶコストはゼロを目標とする町づくり実験を、生徒たちとともに研究し、そこから社会に還元できる人材とアイデアを創出しようしているのです。

以前、取材をさせていただいた際、植松氏は筆者にこういいました。

「ひとは可能性を奪わなければなんぼでも育ちます」

「子どもを消費者にしてはいけない、知的生産者にすべきなんです。いま日本の企業が真剣に取り組むべきことは、わざと壊れる商品を作って消費の総量を上げることではありません。考え続けることが、これから日本が生き残る最も重要なことだと思います。それをすべての企業が取り組めば、あっという間に日本は世界一になりますよ」

北海道の片田舎で、こんなスケールの大きいことを考えている人がいる。植松氏の取り組みは、日本の未来を切り開く大きな風穴になるかもしれません。

植松氏にどうしてこのような人生哲学が生まれたのか——。その秘密は『NASAより宇宙に近い町工場』（植松努著　ディスカヴァー・トゥエンティワン）に詳しく書かれています。道民必読の書ですよ。

5　北海道大学の底力

▼待望のノーベル賞受賞が

先の永田教授も所属する北海道大学（以下北大）から2010年、ついにノーベル化学賞受賞者が誕生しました。北大名誉教授の鈴木章博士です。道南の鵡川《むかわ》町（シシャモの産地で有名です）で育ち苦学した話や、今も江別市にお住まいになられていることを知ると、なんだか隣のおじ（い）さん（失礼！）が受賞したようにうれしい気分です。

だからでしょうか。ノーベル賞にもにわかに興味がわいてきました。そして気づいたのが、鈴木章博士を含め、化学賞や物理学賞の受賞者の多くが高齢であることです。きっとノーベル賞選考委員会の候補者リストには、候補者の寿命まで加味されていないに違いありません。

日本人の受賞者をみると、鈴木氏は80歳。同時に受賞した根岸英一氏は75歳。さらに、02年の物理学受賞者小柴昌俊氏は当時76歳、08年に化学賞を受賞した南部陽一郎氏（米国籍）に至っては87歳です。日本の男性平均寿命は、79・59歳ですから、皆さん長生きされてホントによかったと思います。

ということは、ノーベル賞受賞が確実と見做されながら、その前に亡くなってしまう候補者も必ずや存在するに違いありません。そう思っていたら、そんな一人に、北海道人がぜひ記憶すべき科学者がいることを知りました。小田稔博士です。

▼もう一人、受賞確実の候補者がいた

小田博士は、1926年に札幌で生まれました。父親は北大医学部の教授でしたが、小田氏が8歳の時に台北大学へ転勤となり一家は離道しています。

小田博士は、X線天文学分野のパイオニアとして知られる科学者で、長らくノーベル物理学賞の受賞が確実視されていました。にもかかわらず、01年に惜しくも78歳で亡くなられてしまいました。その翌年、なんと小田博士と共同開発者だったR・ジャコーニ博士（71歳）がノーベル賞を受賞したのですから、なんとも皮肉ですよね。もしご存命だったら、小田氏が道内出身者で初の受賞者になっていたかもしれません。

実は、前述した秋葉博士と小田博士は、不思議な縁で結ばれているんです。「宇宙科学全般の研究に携わる世界各国の学者・研究者等から選ばれた人々によって構成される国際宇宙航行アカデミ

ー」の最高賞であるフォン・カルマン賞を、小田氏が1987年、秋葉氏は2008年に受賞しているのです。

日本人でこの賞を得たのは、この二人だけです。一人は北海道から出て宇宙開発のパイオニアとして貢献し、もう一人は北海道でまさにいま宇宙開発事業に貢献されている――。これって偶然ですけど、すごいことですよね。北海道の知的底力を改めて実感させてくれます。

6 旭山動物園の大逆転

▼旭川のイメージを変え、日本一の人気動物園に

いまや道内観光の人気スポット1位にランキングされる旭山動物園ですが、実は筆者は長い間、この動物園によい印象を持っていませんでした。若い頃に一度訪れた時の記憶が、強烈に残っていたからです。

今から20年ほど前のこと。仕事で旭川に出張した際、時間が余ったので旭山動物園に寄ってみたのです。平日だったこともあるのでしょうが、来園者はほとんどおらず、動物不在の檻が目立っていました。

ふと立ち寄った小さな檻に、一匹のトラが入れられていました。狭い檻の中、小さな唸り声を上げながらぐるぐると歩き回り続けているのです。檻の前には筆者しかいません。ぼろぼろの鉄格子

を挟んで、トラのイライラした感情が伝わり、その殺伐とした雰囲気は身ぶるいを覚えるほどでした。

「この動物園、長くないな」。これが筆者の印象でした。

それが、今や日本で一番人気のある動物園に変貌したのですから、これを奇跡といわずして、何を奇跡と呼べばよいのでしょうか。上野動物園ならいざ知らず、北海道のそれも札幌から列車で2時間もかかる旭川に、全国から大挙して人々が訪れるというのは、これまでの地方都市の常識でいえば異常な事態です。

それまでの旭川は、道内のどこにでもあるような平凡な地方都市でした。旭川家具の躍進はありましたが、観光客を誘致するような名所は市内にまったくありません。道民ですら、層雲峡温泉や富良野・美瑛のラベンダー畑への中継地といったイメージしか持っていませんでした。

北海道を舞台にした村上春樹の『羊を巡る冒険』には、こんな一文があります。

「プラットフォームから見える街は典型的な小規模の地方都市だった。小さなデパートがあり、ごたごたとしたメイン・ストリートがあり、十系統ばかりのバス・ターミナルがあり、観光案内所があった。見るからに面白味のなさそうな街だった」

主人公が旭川で汽車を乗り換え、塩狩峠を越えた先にある架空の駅の描写だったのですが、筆者はずっとこの一文を旭川のことだと思い込んでいました。だって、旭川から先には、十系統もあるバス・ターミナルやデパートのある街はありませんし、実際、旭川はまさにこの一文のような街だったからです。

▼エキノコックスで廃園の危機

それが、その後の旭山動物園の全国的ブームによって、札幌・函館に次ぐ道内第3位の観光客数を記録するまでになりました。そのおかげもあって、旭川空港は国内空港では珍しい黒字の空港になっています。過疎化に悩む全国地方都市にとって、旭川の活性化は羨望の的であるわけです。

それと同時に、過疎化を理由にした補助金で食い繋ぐ地方自治体にとっては、多少目障りな存在かもしれません。アイディアと工夫があれば、どんな場所にでも人はやってくることが、あからさまに証明されてしまったのですから。

それにしても、旭山動物園の大変身は革命的でした。これを可能にしたのは、動物園廃園の危機という「どん底」に追い詰められたからです。筆者が訪れた時も、すでに廃園の気配が濃厚でしたが、決定的だったのは1994年に園内のゴリラとキツネザルがエキノコックス症で死亡する事故が発生したことにあります。

エキノコックス症は、エキノコックスと呼ばれる寄生虫によって引き起こされる感染症で、当時、ようやく道民にも広く認知され出した頃でした。寄生虫はキツネの排泄物などに混じっているため、キャンプなどに行っても自生する山菜やハーブを生のまま食べたり、湧き水を飲まないようにと、広報誌に注意勧告が載るようになったのも、この頃のことだったと思います。

旭山動物園の「空飛ぶペンギン」

同、ゴマフアザラシ

筆者も初めてこの病気の存在を知った時、感染すれば脳や内臓が寄生虫でぶくぶくに肥大すると聞いて、怖気を振るった記憶があります。しかも、その恐ろしい寄生虫の宿主が、道民の愛すべきキタキツネであると知った際の薄気味悪さは、内地の人にはピンとこないかもしれません。道内におけるキタキツネは、郊外でしばしば姿を見かける親しい存在だからです。

それだけに、旭山動物園のこの一件は、道民にとってかなりショックなできごとだったんです。道内のローカルニュースで大きく取り上げられ、旭山動物園は一気に風評被害の嵐に巻き込まれ、来園者は激減していきます。

▼再生は14枚のスケッチから

新生旭山動物園の名物園長として有名になった小菅正夫氏は、この事故の直後に飼育係から園長に格上げされます。まさに、最低状態から園長職をスタートさせたわけです。

動物園がどん底状態から脱したきっかけは、14枚のスケッチでした。

廃園と囁かれた頃から、飼育係の有志4人が自分たちの理想の動物園のアイデアを毎夜語りあい、それを具体的な絵にして残していたのです。この4人の飼育係が、小菅氏、「天才肌」のベテラン飼育係牧田雄一郎氏、絵を担当したあべ弘士氏、そして3人よりひと回りも若い新米飼育係の坂東元氏でした。

園長となった小菅氏は、このスケッチを持参して旭川市長に直訴します。その熱意がついに市長を動かし、旭山動物園は改革への一歩を踏み出します。

パンダやラッコなどのスター動物がいなくても、動物たちに本来備わっている能力を充分に生かした「行動展示」が、人々の感動を呼んだのです。

現在、退職したあべ氏は著名な絵本作家となり、牧田氏は08年、小菅園長も09年に定年退職して、動物園を去りました。どん底の中、飼育係4人で夢みた理想の動物園へのバトンは、2009年に新園長に就任した坂東元さんに託されました。

ブームというのはいつか去るものです。しかし「旭山動物園」の場合、真価が発揮されるのはこれからだと思います。これまで数々のアイデアを生み出してきた坂東園長の頭の中には、動物園に新しい価値を与えるような構想が、まだまだありそうですから。

7　スポーツ天国——秘密は全天候型施設にあった

▼ドームが呼んだもの

かつて北海道のスポーツといえば、横綱力士を多数輩出したイメージとウィンタースポーツのメッカとして知られる程度でした。それが現在、プロの野球チームやサッカーチーム、さらにはバスケットチームが誕生し、陸上競技でも活発なスポーツ王国となりつつあります。選手たちの華々しい活躍はよく伝えられますが、その背景に施設の充実があることを語る人はあまりいないようです。

2001年に完成した「札幌ドーム」は、単なるドーム球場ではありません。世界初の画期的機能を持つ施設なのです。それは、サッカー用の天然芝グラウンドと野球用の人工芝グラウンドが併用可能という点にあります。これは野球用の人工芝を地下に格納し、その上に屋外に敷設された天然芝のサッカーグラウンドを「ホヴァリングシステム」という仕組みを使って移動できるシステムです。

つまり、野球の試合があった翌日に、同じドーム内で今度は天然芝を使ったサッカーの試合が可能になるということです。えっ、土が盛られたピッチャーマウンドはどうなるのかって？　もちろん昇降機によって地下に仕舞われます。凄いシステムでしょ。

J2の「コンサドーレ札幌」やパ・リーグの「北海道日本ハムファイターズ」が北海道を拠点に活動できるのは、全天候型施設の「札幌ドーム」があるからなのです。いえ、むしろ札幌ドームがあったからこそ、北海道にプロスポーツチームが誕生したといってもいいのです。

▼短距離の女王、福島の活躍を支える縁の下

現在、日本女子陸上界の期待の星といえば、幕別町出身の道産子・福島千里選手ですね。100、200メートルの日本記録保持者で、今年（2016年）8月に開催されるリオ五輪でも活躍が期待されています。

彼女の活躍は、もちろん彼女自身の資質と中村宏之監督の指導の成果ですが、トレーニング環境の影響も見逃せません。彼女の所属する「北海道ハイテクアスリートクラブ」は、「北海道ハイテクノロジー専門学校」が全面支援した組織です。

この学校には、日本で唯一の屋内陸上トラックがあるのです。屋内施設ながら、なんと130メートルの直線レーンが5つ、さらに走幅跳・三段跳・棒高跳・走高跳が可能な砂場も完備されてい

ます。

彼女が頭角を現わしたのは、2008年春からのこと。スタジアムができたのはその前年に当たり、福島の躍進はひと冬かけて屋内スタジアムで走り込んだ結果といえるかもしれません。同校の卒業生でもある福島は同僚の100メートルハードルの日本チャンピオン寺田選手たちと、今もここで毎日トレーニングを続けています。将来、ここが日本のトップ・スプリンター養成地となる可能性は大ですよ。

▼世界へ飛躍する馬産家の血統

スポーツといえば、北海道で忘れてはならないのが競馬です。北海道は、日本でも有数の馬産地なんです。

なかでも、胆振《いぶり》地方を拠点に展開する「社台グループ」は、いまや「日本の競馬界は社台グループ中心に回っている」と言わしめるほどの規模を誇り、競走馬生産牧場のトップに君臨しています。社台グループは、「社台ファーム」「ノーザン・ファーム」「追分ファーム」の3つに大きく組織が分かれています。代表はそれぞれ、吉田照哉、勝己、晴哉の3兄弟で、つまり同族組織です。このグループが競馬界に与える影響力は計りしれません。

毎年1月に発表されるJRA賞での年度代表馬をはじめとする各部門賞をみても、社台グループの生産馬は、必ず多数の部門で入賞を果たしています。ちなみに2005年から2014年までの

全天候型の「札幌ドーム」
Ｊリーグのコンサドーレ札幌と
プロ野球の北海道日本ハムファイターズ
両者の拠点となっている

10年間をみると、なんと7回も同グループの生産馬が選ばれています。まさに社台グループなくして中央競馬界はなし、といっても過言ではありませんよね。この巨大グループの礎を築いたのが、3兄弟の父・吉田善哉氏です。善哉はバイヤーとしても世界的に名が知られ、1995年にアメリカから種牡馬「サンデーサイレンス」を16億円で購入し、大きな話題を呼びました。

競走馬は血統が要です。サンデーの産駒（仔）は、次々とG1級レースで優勝を飾り、13年間にわたってサンデーは「リーディングサイアー」（産駒の合計獲得賞金額が1位）を維持した、驚異の種牡馬となりました。つまり、サンデーサイレンス系馬が日本競馬界を席巻するのは、必然ともいえるわけです。

馬もそうですが、吉田一族もある意味、サラブレッドといえます。

善哉の曾祖父・吉田善太郎は、明治4年に10歳で南岩手から父母に連れられ渡道。20歳で父を亡くし、2・5町歩の土地と馬5頭を元手にたった6年で札幌市豊平、白石区大谷地に至る広大な地域に農地を拡大し、大地主の地位を築きました。

さらに、のちに善哉の父となる長男・善助は早くからアメリカ留学を経験し、サラブレッド育成を始めています。その善助の志を継いだのが三男の善哉でした。昭和30年に父の夢を果たすべく社台ファームを創設、ここに社台グループの源流が生まれます。

馬に倣えば、成功は吉田一族の血筋のよさといいたいところですが、人間の場合そう単純にいきません。むしろ、代々継承してきたのは、血よりも強い開拓者魂だったと筆者は思うのです。

8　食の逆襲

▼北海道庶民の味

第1章で、北海道にうまい酒の肴はないと書きました。では、道産の食べ物に美味しいものはないのかといえば、もちろんあります。

筆者が自慢できる北海道食材のベスト5は、ジャガイモ、タマネギ、生イクラ、トウキビ（道民はトウモロコシをこう呼ぶ）、ホッケです。あまりに庶民的かもしれませんが、でもこれでよいのです。これらの食材が本来持つ美味しさを引き出すには、他県の土壌では無理です。それは、北海道でなければなりません。

▼ジャガイモ王国を支えた民の力

北海道みやげといえば、数年前の生キャラメルブームはすごかったですね。品物を買うために、デパートや空港では何十人もの列ができていました。でも、流行とは恐ろしいもので、いまでは余裕で買えるようになりました。というか、もはや見向きもされないというのが実情です。まったく、ロングセラー商品を作るっていうのは難しいんですね。

それに対して、今なお根強い人気を保っているのが、カルビーの「じゃがポックル」です。油で素揚げした風のジャガイモのお菓子が、あんなにウケるとは驚きました。

しかも、同社からは「ジャガビー」という商品が出ていて、スーパーやコンビニで全国販売されています。これ、食べてみるとわかりますが、ほとんど「ジャガポックル」と同じです。同社によると、それぞれ製造法が違うし、食感も違うらしいのですが、筆者にはほとんどわかりません。これなら、わざわざ北海道みやげで買わなくても、近所で売ってる「ジャガビー」でいいじゃないの、と筆者は思っています。

でも、違うのです。「ジャガビー」には道産ジャガイモ以外も使用されていますが、「じゃがポックル」は、〈北海道産ジャガイモ100パーセント使用〉の千歳工場限定製品なのです。これが「じゃがポックル」じゃなければいけない理由、購買熱を駆り立てる理由なのです。

それだけ「北海道産」という商品はブランド力が強いわけですが、現在の北海道＝ジャガイモ王国を作りあげたのは、他でもないカルビーのおかげなのです。

▼カルビーのポテトチップス戦略

カルビーがポテトチップスの製造を始めたのは、1975年のことです。十勝の芽室町に拠点が置かれ、ここから農家（農協）と企業の二人三脚が始まりました。契約農家は安定した買い取り先を確保したのと引き替えに、品種や栽培方法の追求、機械化やコスト意識など厳しい制約を企業から受けることになりました。でもその徹底したカルビーの姿勢が、逆に農家の栽培技術を向上させていきます。

カルビーの菓子売り上げ高は、約1千億円。その半数をポテトチップスが占めるそうです。さらに、その内の8割が北海道産なのです。道内の産地は前出の十勝地方が圧倒的で、今やカルビーとは、30年来のおつきあいとなっています。

まさに運命共同体であり、そうすることで地域の農業が発展してきたわけです。ですから、道民としてはカルビーに、「道産食物普及貢献賞」（そんな賞があればのことですが……）を差し上げたいところなのです。

▼さかのぼれば「男爵いも」

しかし、もっとさかのぼってみれば、道産ジャガイモの育ての親という人物がいます。川田龍吉男爵です。三菱商会の重鎮を父親に持つ川田は、明治から昭和の激動期に日本の海運業を技術屋として陰で支えた人物です。

川田は明治後期、「函館船渠」（現在の「函館どつく」）の再建を託され北海道へやってきました。それと同時に、七飯《ななえ》に三万坪の農地を購入し、海外から輸入した何百種類の農作物の種を実際に植え、栽培を試みました。

その中で、害虫や冷害に強い品種として川田が注目し、近隣の農家に種イモとして配ったのが「男爵イモ」だったのです。もちろん、その名は川田に因んで命名されました。

つまり北海道のイモ栽培は、川田男爵の資本力と、七飯という温暖で肥沃な土壌があったればこそ可能だったわけです。官営の農業試験場ではなく、一個人の輸入栽培から始まった点に、フロンティアスピリッツをひしひしと感じます。

その後、男爵イモは戦後の食糧不足解消に大いに貢献し、メークインと並ぶジャガイモの人気品種として市場を二分します。

ちなみに、筆者の亡き祖母は男爵イモのことを「ゴショイモ」と呼びました。種イモ一粒から五升取れることからこの名がついたといわれますが、福島出身の祖母だけに故郷でのイモの俗称だったのかもしれません。

そんな北海道のイモたちも、今や種類は多種多彩。直売所には「北あかり」「インカの目覚め」「レッドムーン」などなど、味も形も異なる目新しい品種がたくさん並んでいます。どれもそれぞ

ジャガイモとイクラ丼

れに特徴があり滋味深いのですが、道産子としてはやっぱり、ほくほくとして崩れやすく、ほんのりとした甘みが懐かしい男爵イモに、軍配を挙げたくなってしまいます。

▼至福の味わい生イクラ

ご存知のように、イクラはサケの卵です。なぜ、おおもとのサケを挙げずにイクラにしたのか。実は道内のスーパーで売っているサケの切り身は、その大半がカナダかアメリカあたりの北洋で獲れたものなのです。

もちろん道内産のサケも販売していますが、北洋産紅鮭やサーモンに比べて人気がなく、肩身を狭そうにして並んでいます。地産地消を目指す筆者は、あえて道産サケを手に取りますが、紅鮭の濃厚な味に比べると旨みや脂の乗りに欠けるんですよね。中には道産鮭で美味いものもありますが、超高級品で庶民の口にはめったに入りません。

それに比べて、道産のイクラは8月下旬頃からスーパーの店頭にずらりと並びます。産卵のために北海道近海に回遊してきたサケを、前浜あたりでどんどん釣り上げることができるからです。ただし、イクラを取りだしたサケは、栄養が卵に行くため身はぱさぱさとして味気なく、美味しくありません。というわけで、サケの身自体は食自慢には入れられないのです。

魚卵は鮮度が命です。だからこそ、この時期の新鮮な生イクラは本州では味わえない、これぞ北海道の味覚と言えるものなのです。

本州の人って、イクラ好きが多いですよね。おみやげに持参するとことのほか喜ばれますし、高級品だといって子どもに食べさせないという知人もいます。

我が家の場合、この季節は毎日イクラ丼です。ひと腹1000円前後で売っていますから、袋からこそぎだして醤油とみりんと酒に漬ければ、翌日にはもう食べられます。しかも、ひとはらでジャムの瓶で2、3本分が取れます。買えば2000円近くする市販のイクラ醤油漬けと比べ、味よし量よし値段よしで言うことなし。道民至福の味わいです。

▼開拓の歴史と歩を合わせてきたタマネギ

名古屋に住む義父の日課は、朝の味噌汁作りからはじまります。そこに欠かせないのが、タマネギです。これを入れると入れないでは、まったくコクが違うといいます。これを聞いてからは、筆者も婚家に倣い毎朝の味噌汁にタマネギを入れることにしました。

確かに甘みが出て美味さが増すし、一緒に入れる具材を選ばないところもいい。ジャガイモ、ワカメ、キノコに葉物、なんでもOKなんです。

とにかく、そんなタマネギの意外な魅力を教えてくれた義父が申すには、「やはり北海道産が最高」なのだそうです。甘みとみずみずしさが違う、といいます。それもそのはずで、タマネギは北海道の土壌に最も適した作物なのです。札幌農学校時代からすでに栽培が始まり、現在も全国生産量の約5割は北海道産が占めています。

そんな北海道産タマネギの中で、いま注目されているのが「札幌黄」という品種。これこそ、元祖・札幌タマネギともいえるもので、明治11年に開拓使お雇い外国人で農学者のウィリアム・ブルックスがアメリカから持参した「イエロー・グローブ・ダンバース」を淵源としています。ちなみに、このブルックスさんはクラーク博士が帰国後、農学校にやってきた先生で、新渡戸稲造や宮部金吾らは彼の教え子です。

残念なことに、筆者は札幌に住んでいながら、いまだ「札幌黄」を食べたことがありません。デリケートな品種らしく、市場に出回る量が少ないのです。「幻のタマネギ」と言われてきた所以です。味は辛みが少なくサラダにも適していると聞きますが、いつか義父の作る味噌汁に参加させてみたいものです。

▼トウモロコシならぬトウキビへの偏愛

全国的な呼び名は「トウモロコシ」です。しかし北海道人にとっては、断然「トウキビ」でなくてはいけません。でも最近の若者は、標準語に迎合してなのか、カッコつけてなのかはわかりませんけれど、石川啄木もどきに、トウモロコシと呼ぶんです。これが筆者は許せない。ひっぱたきたくなります（悪しき道産子ナショナリズムでしょうか）。

トウ「モ・ロ・コ・シ」では、その不抜けた発音とともに、甘さまで抜けてしまいます。「モロコシ」というお菓子があるでしょ。落雁ともいいますが、粉菓子で口のなかでふにゃっと溶ける、じいさんやばあさんの好きなあれです。トウモロコシと聞くと、あの不抜けたお菓子を思い出すんです。

トウ「キ・ビ」なら、「キ」と「ビ」という破裂音とともに、実のしまった粒をぶちっと噛んだ食感を彷彿とさせてくれます。それだけで、口内の唾液分泌も倍加（するような気が）します。「トウキビ」という名前は、トウキビというものをおいしく食べるための、北海道人的言霊でもあるのです。

その昔、トウキビといえば一種類しかありませんでした。あったのかもしれませんが、消費者が品種をあれこれ問うことはありませんでした。あれこれやかましくなったのは、ジャガイモ同様にここ数年のことです。農家が産地直売するために他店との差別化を図ろうと、様々な品種を栽培しはじめたからです。

ここ数年来のトウキビの種類で人気なのは、実が柔らかくて甘みが強いハニーバンダム系です。粒の色が黄色と白い色が混じっているのが特徴。「ピーターコーン」「みわくのコーン」「おひさまコーン」など種類は豊富です。

でも、筆者にはこれが物足りない。粒が濃い黄色で堅く、一列を親指でこそぎ落とすと10粒くらい連なってポロッと取れるようなしっかりとした、昔ながらのトウキビが好きなのですが、最近はほとんど見かけません。

昨年、初めて生のトウキビを食べました。たしかに甘いけれど青臭くて、一本は食べられない。

やはりトウキビは茹でるか焼くに限ります。

トウキビといえば、札幌の夏の風物詩として有名なのが大通公園のトウキビ売りです。ゴールデンウィークには、店開きしたばかりのワゴンに観光客が並びます。やはり焼きトウキビのタレが焦げた香ばしい香りは、どんな人にも魅惑的なのでしょうね。

でもゴールデンウィークには、道民はワゴンのトウキビを買いません。売られているトウキビは冷凍ものか本州産であることを知っているからです。道産のトウキビがワゴンに並ぶのは、7月後半から。このことは、知っておいて損はないと思いますよ。

▼道民の台所を救うホッケ

今では東京の居酒屋でも、ホッケの開きは人気メニューです。しかし、本州の人が北海道でホッケを食べると、本州のホッケとは別物だと言い、感動します。筆者は東京でホッケの開きを食べたことがありませんから違いはわかりませんが、一般に本州で売られているのは輸入シマホッケだと聞いて納得しました。それなら仕方ありません。

北海道の庶民が一年で最もよく食べる道産魚は、ニシンでもサケでもなく、間違いなくホッケでしょう。北海道の周辺海域すべてがホッケの漁場ですから、どこでも獲れるんです。

スーパーに行けば、干したホッケが切り身で100円くらい、開きでも300円くらいで売っています。安価ですが味はちゃんとしているし、年中売っています。ちょっと献立に困った時は、ホ

トウキビ畑とスーパーに並ぶ多量のホッケ

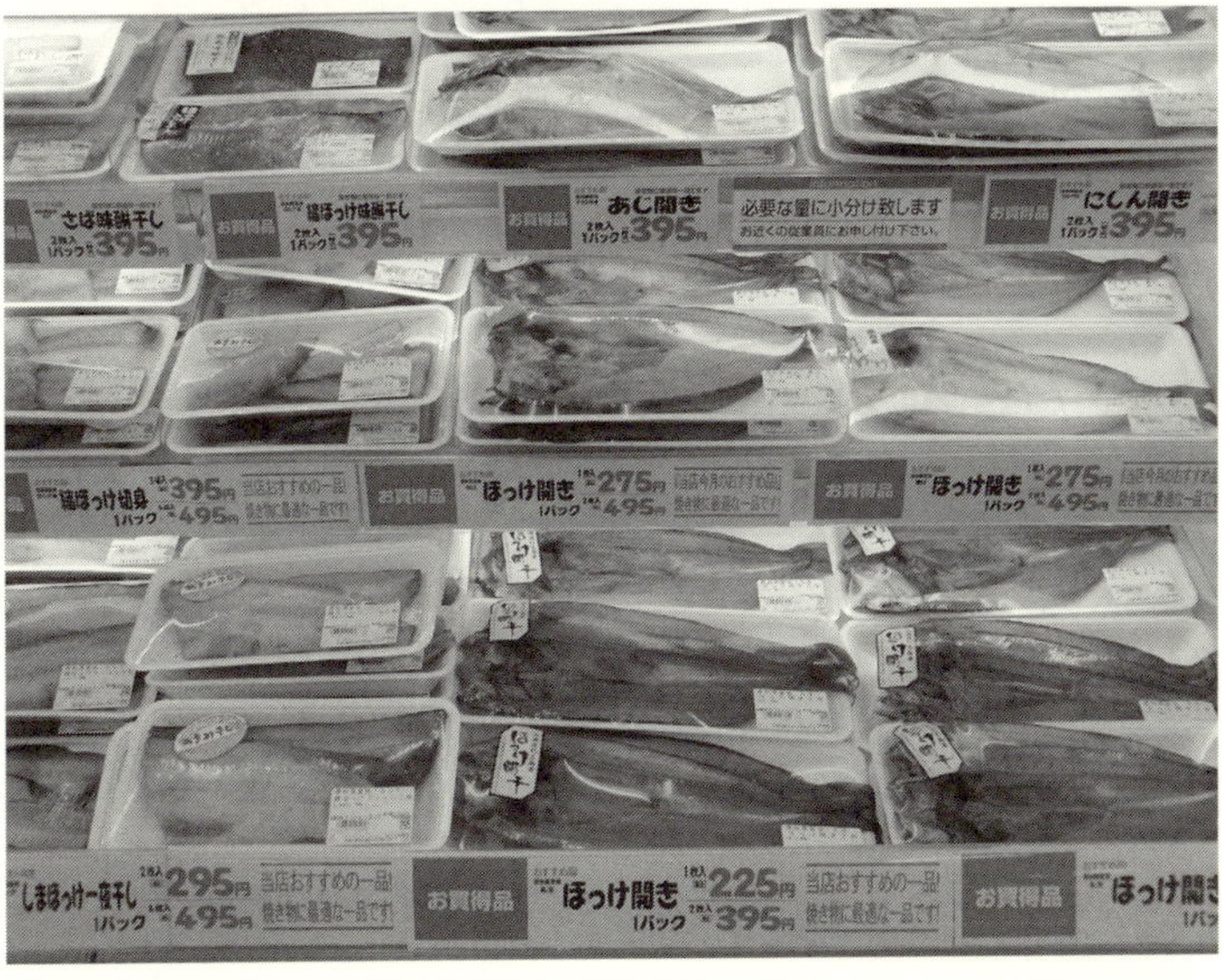

ッケにダイコンおろしでも添えれば立派なメイン料理になります。つまりホッケは、道民の台所を救うエライ魚だともいえるのです。

一般的にホッケの種類は、「シマホッケ」「真ホッケ」「根ボッケ」の3種類に分けられます。筆者はあっさりとしたシマホッケが好きですが、味が濃厚で脂ギッシュな真ホッケを好む人が多いようですね。根ボッケは回遊せずに狭い範囲に棲息しているホッケのことで、ホッケ界の高級品と呼ばれています。また、北海道だからこそ可能なのは、ホッケが生で売られていること。これこそ産地の特権ですね。筆者は秋ホッケが魚屋に出回ると、脂乗りのよさそうな生を一本買ってきて二枚に下ろし、あまじょっぱく煮つけます。寒風の季節、燗酒の肴には最高ですよ。

ところが、ここ数年の海水温の上昇によって、いままで北海道近海ではみられなかったブリやマンボウなどの本州の海にいる魚が網に掛かるようになり、ホッケやサケ、サンマなどの漁獲高が減ってきているのです。このまま状況が変わらなければ、北海道の漁業は大きく変わらざるを得なくなるでしょう。そう思うと、ため息しか出ません。

▼北海道スイーツVS老舗スイーツ

全国には老舗の和菓子屋がたくさんあります。例えば伊勢の「赤福」や東京「とらや」の羊羹などは筆者も大好物ですが、さすがは代々守り抜いた味ですよね。大量生産の100円羊羹などとは比べようがありません。

もちろん老舗ですから、材料選びにも手を抜きません。とらやも赤福も、それぞれのHPをみると材料の小豆に「北海道産」を使用します。それもそのはずで、北海道産小豆は全国シェアの実に80パーセントを占有しているのです。、日本の和菓子文化は、もはや北海道小豆なくして語ることはできません。ちなみに、赤福のもち米は名寄《なよろ》産です。伊勢（の赤福）は北海道でもつでしょう。

では、洋菓子はどうなのでしょう。いま注目されているのは、北海道産小麦です。これまでの国内産小麦は、うどんの麺には適していますが、パンなどの生地にするにはグルテンの含有量が足りず、どうしても輸入小麦には敵いませんでした。

ところが平成に入り、北海道産小麦「はるゆたか」が登場し、残留農薬であるポストハーベストの心配がない国産小麦１００パーセントの美味しいパン作りが可能になりました。「はるゆたか」は国産小麦の価値を一変させた革命児として、今や大変な人気です。パン作りが趣味の友人は、「はるゆたか」が品薄で手に入らないといってぼやいています。

もちろん、生クリームやバターなど乳製品の原材料である牛乳は、全国生産量の約半分を北海道が占めますし、砂糖だって国内産砂糖の材料であるテンサイトウの3分の2は網走地方で栽培されています。

日本のスイーツは、和洋問わず、北海道の大地なくしては成り立たないわけです。

このように北海道は材料の宝庫ではありますが、肝心のスイーツはどうなのでしょう。

▼「千秋庵」からの流れ

北海道にも100年続いた老舗があります。地元でおなじみの「千秋庵」で、その歴史は、開港したばかりの箱館にまでさかのぼります。蔓延元（1860）年、秋田藩の下級武士だった佐々木吉兵衛が、開港で賑わう箱館で食べ物や甘味を立ち売りしました。これが千秋庵の始まりだそうです。それを発展させたのが4代目の松田咲太郎です。

実はこの人、東京で「お菓子の神様」と謳われ、大正5（1916）年発行の著書『和洋菓子製法講習録』には、総理大臣の犬養毅が序文を寄せるほどの人物でした。「ドラえもん」も大好きな「どらやき」も、実は松田が生みだしたものなのです。

そんなお菓子の神様が、なぜ千秋庵を継ぐことになったのかはわかりません。ですが、ともかく大正末期に松田は函館へやってきます。彼が考案した菓子は評判になり、松田は弟子を次々と東京から呼び寄せました。こうして小樽や釧路、旭川に暖簾分けが進み、松田の技術は全道へ広がっていったわけです。

札幌では大正10（1921）年、小樽店の職長だった岡部武二が独立して開業。昭和8（1933）年、武二の元で修業を終えた弟の勇吉が帯広千秋庵を開業することになり、入れ替わりに札幌へ菓子修業に来たのが、岡部らの甥・小田豊四郎です。

その豊四郎が昭和12（1937）年、勇吉に替わって帯広千秋庵を継ぐことになります。そこで日本で初めて製品化したのが、北海道スイーツにも欠かせない素材となったホワイトチョコレートです。その後、販路拡大を目指した豊四郎が千秋庵から独立開業したのが、あの「六花亭」なのです。

筆者はよく道外の知人に「六花亭」のお菓子を送ります。道内にはたくさん支店がありますが、他県には店舗を出していないのです。ですから、内地の人には手に入りづらいこともあって喜ばれますし、何よりおいしいと評判です。それと、坂本直行（坂本竜馬の血族）画伯の花のモチーフを使ったパッケージデザインも女性にはウケるんですよ。

一方、本家である千秋庵は、函館の千秋庵総本家と札幌の千秋庵製菓の2社が残っています。双方独立した会社としてオリジナル商品を作ってきましたが、躍進華々しい「六花亭」や、今風の「北海道スイーツ」と比べると、正直いって影が薄いのが気になります。

でもね、思うのです。10年後、果たして我々は生キャラメルや意味のよくわからない横文字の名前がつけられたお菓子を食べているのだろうか、と。

おそらく、千秋庵の「山親爺」（山親爺とは羆のこと。甘い煎餅です）や六花亭の「マルセイバターサンド」（ホワイトチョコとバターを挟んだビスケット。北海道土産として絶大な人気を誇る）を、飽きもせず食べ続けているに違いない。

雨後の筍のように現われては消えてゆく、にわか仕込みの菓子が氾濫する今、100年の長きにわたって脈々と続いてきた職人魂は、侮れないと思います。老舗道産スイーツたちよ、がんばれ！

千秋庵「山親爺」（上）と六花亭「マルセイバターサンド」

▼日本が誇るブランド「夕張メロン」

日本人ってメロン好きですよね。メロンという言葉を聞いただけで、機嫌が良くなる人もいます。美味しさもさることながら、メロンという果物が持つ高級なイメージも人気に一役買っているはずです。

それで思い出したのですが、筆者の好きなテレビドラマに「すいか」という作品があります。小林聡美やともさかりえ、浅丘ルリ子が出演しているホンワカ系のドラマなんですけど、そこにメロンを象徴するようなシーンがありました。

ともさかりえ扮するエロ漫画家きずなの実家は、都内に広大な土地を持つ名家という設定です。夏のある日、家出していたきずなが誰もいない実家にこっそり戻るという場面。

勝手口から入ると、壁にずらーっとメロンの箱が積み重ねて置いてあるんです。お中元の品々なんですね。現実には、糖度の高い果物をそんなところに置いておいたら、すぐに傷んでしまうと思いますけれど、つまりメロンがこの家のセレブさと、父親の社会的地位の高さを表現していたわけです。

これを観て、メロン信仰の健在ぶりにほっとさせられました。だってメロンは、北海道が誇る特産品であり、夕張農家の特産でもあるわけですから、イメージが大切なんです。その夕張メロンは、今では北海道のみならず日本が誇るブランド品になっています。農水省の海外輸出促進品目にも選ばれているほどですが、ここまでこられたのは、夕張の栽培農家が生き残りを賭けた必死の挑戦に成功したおかげだということは、あまり知られていません。

夕張といえば「財政破綻」という言葉を思い出す人も多いでしょうが、その昔は日本でも有数の炭鉱都市でした。炭鉱で働く人々は、家賃、光熱費、医療費、銭湯、映画館のすべてが無料でした。それほど経済が潤っていたんですね。「黒いダイヤ」と石炭が呼ばれた所以です（この贅沢癖が街を破綻へと突き進める遠因にもなったのですけれど）。

ところが、そうした恩恵を受けられるのはもっぱら炭鉱街だけ。周辺の農家は、炭鉱街に暮らす人々へ農産物を供給するために入植するようになりましたが、長らく冬場の出稼ぎ収入が頼りの零細な兼業農家でした。しかし、いつまでも炭鉱依存ではいずれ立ち行かなくなると、農家の人々は考えるようになります。そこで、特産物を作るための模索が始まります。その際注目したのが、東京方面で高い値のつくメロンだったのです。

実はメロン自体、夕張の農家にとっては馴染み深い果物でした。というのも、水はけのよい土壌がメロン栽培に適していたことから、露地メロンを細々と栽培し、自家用として食べていたのです（ちなみに当時は甘みが少なく、種をとった窪みに砂糖をかけて食べていたそうです）。

「この露地メロンとマスクメロンを掛け合わせて、美味しいメロンができないか」。このアイデアが、「夕張キングメロン」というまったく新しい品種を誕生させました。夕張メロンとは、夕張の土壌と、死活を賭けた農家の自助努力の結実であり、だからこそ夕張にしか生まれ得なかった果物なのです。これぞ北海道の宝です。

▼まずい米からの脱却

「北海道の米はまずい！」。これは北海道米農家が、ずーっと言われ続けてきた言葉です。鳥も猫も食べないから、「鳥またぎ猫またぎ米」と酷評されるほどの不人気ぶりでした。

そもそも、亜熱帯性の植物である米は、「北海道（蝦夷）で栽培できない」という常識がありました。そのため松前藩には禄高制はなく、明治の開拓使時代は西欧化政策もあって当初は稲作自体が禁じられました。道民はパンを食べ、牛乳を飲みなさいということですね。やっぱり北海道は日本の中の例外だったんですよ。

しかし、道民といっても皆さん内地からの移住者ですから、米なしでは過酷な開拓作業などできっこないんです。日本人は、パンのようなふかふかしたものを食べても腹に力は入りません。

そこで彼らは、禁制だろうが寒冷地だろうが関係なく、とにかく米を必死で作り続けました。その証拠に、道内には「水田発祥の地」という石碑がなんと51カ所もあります。道内に散らばった開拓民たちの、米に対する執念の証しですよね。

その結果どうなったかというと、戦後の食糧不足で増田が奨励されたこともあり、昭和38（1963）年には道産米が全国一の産量を記録します。当時は食糧管理法のもと、国が米を買い上げてくれたので、「猫またぎ米」などと揶揄されようがどんどん作ればよかった。

ところがその後、コメあまりとなったことから政府は減反政策に踏み切り、北海道の水田面積は縮小を余儀なくされていきます。それはそうですよね。まずくて売れない米をたくさん作っても、意味がありませんから。

うまい米を作らなければ、道内の稲作は生き残れない――北海道における本当の意味での米作りは、この時から始まりました。その真剣な取り組みが、やがて「きらら397」のヒットを生み、道産米のイメージを大きく変えていったんです。

いま、北海道の米がまずいという人はいないはずです。「おぼろづき」「ゆめぴりか」などの新しい品種は、コシヒカリと並ぶブランド米としての地位を築きあげました。あの料理の鉄人で知られる道場六三郎氏も、道産米を使っているとテレビで言っているのを聞いたことがあります。名だたる料理人に使われ、最近では国際線ファーストクラスの機内食にも採用されるまでになりました。

▼北海道の稲作技術が海を渡った

そのうえ、北海道には中国が認めた「米作りの神さま」がいるんです。

1998年11月、中国国家主席の江沢民が初来日しました。6日間という短い日程の中、江主席が最後に訪れたのがわが北海道です。その折、新聞各紙に大きく掲載された一枚の写真があります。それは、大柄な江沢民と江主席より頭ひとつ背の低い老人が、にこやかに握手を交わす写真でした。

中国最高幹部を前に、動じる風もなく応対するこの老人こそ、中国で「米づくりの神さま」と謳われた原正市氏であり、この時81歳でした。

開拓農家の子として1917（大正6）年、岩見沢志文町で生まれた原氏は、地元の農業高校に進学。その後、北海道帝国大学農学部の専門課程に進み、戦後は北海道の農業試験場で稲作技術者としての道を歩み始めます。

原氏が技術者として活躍するようになった頃、北海道稲作上、最も重要な栽培技術といわれる「畑苗移植法」が普及し始めます。これは種を田に直接播かず、温床で苗にしてから移植する方法で、苗を冷害から守り、さらには泥炭地などの劣悪な土壌でも安定した栽培が実現します。これによって、道内農家は生産量を飛躍的に伸ばすことができたのです。

この北海道独自の稲作技術が、原氏の第二の人生を決めます。

農業視察団の一員として、1979年に中国東北部の遼寧省を訪れた折、北海道と緯度の変わらない寒冷地でありながら、直播での稲作が続けられ、週に3日しか米が配給されない貧しい中国の実情を知ったのです。

この地に北海道の稲作技術を伝授すれば、人々の生活は確実に豊かになる。自分の技術を中国で役立てたいという思いに駆られた原氏は、帰国後の1980年、賛同者を募って「北海道黒竜江省科学技術交流協会」を発足。その2年後、64歳の原はボランティアとして単身、中国黒竜省へ渡るのです。

言葉は通じず、習慣も考え方も異なる人々の中で、時に赤痢にかかりながら孤軍奮闘を続けた結果、中国全土の稲作面積の半数が、原氏の伝えた畑苗移植法を実施するまでになったのです。

原氏は85歳で亡くなりましたが、21年に及ぶ中国での技術指導は、日本人の国際貢献としてもっと知られていい偉業だと思います。

「北海道は日本ではない」という言葉は、自嘲と自尊が入り混じった道産子特有の心情です。けれども、日本人の多くが稲作に適さない北海道を特殊とみたこれまでの歴史を考えれば、困難に負けず米を作り続けてきた道民こそ、日本人の中の日本人とはいえないでしょうか。これこそ、日本の稲作文化への北海道米の逆襲といえるかもしれません。

9 文芸の逆襲——物語の生まれる土地

▼小説家と小説が生まれる大地

　そろそろ、北海道自慢もいい加減にしてほしいと感じておられる方もいるかもしれません。他人の自慢話って、どうにも聞いていられないですからね。では最後に、北海道は「物語」多発地帯であることを紹介して、この章を終えたいと思います。

　2013年に作家の桜木紫乃さんが、「ホテルローヤル」で直木賞を受賞したことはまだ記憶に新しいと思います。桜木さんは釧路出身で、受賞作品やその他の作品のほとんどが北海道を舞台としています。桜木さんの直木賞受賞を聞いたとき、道産子としてとても喜ばしく思ったと同時に、筆者は改めて北海道という土地の「物語」を生み出す底知れないパワーのようなものを感じました。本当に北海道は作家が生まれやすいし、作品も描かれやすい。それを如実に実感したのが、2007年下半期の直木賞の時でした。

受賞作である桜庭一樹『私の男』のほか、候補となったのは井上荒野『ベーコン』、黒川博行『悪果』、古処誠二『敵影』、佐々木譲『警官の血』、馳星周『約束の地で』の6作品でした。このうち、半数の3作が北海道を舞台にした物語だったんです。全国に都道府県が47もあるのに、候補作の半分にわが北海道が登場するのですから、道産子としては名誉なことです。でも、これは偶然というよりも、道産子作家の多さと北海道を舞台にした小説の多さが、このような事態につながったといえます。

まず、道内出身作家の多さという点ですが、前述の佐々木氏と馳氏も道産子ですし、現在活躍されている方々だけでも相当数いらっしゃいます。

池澤夏樹、藤堂志津子、小檜山博、京極夏彦、東直己、今野敏、谷村志穂、辻仁成（函館育ち）、長嶋有、小路幸也、鳴海章、朝倉かすみ、蜂谷涼、久間十義、乾ルカ、佐藤友哉などなど。筆者が今ざっと思い出しただけでもこれだけいます。2015年11月に惜しくも亡くなられた時代小説作家の宇江佐真理さんも函館の人ですし、その前年に80歳で亡くなった渡辺淳一大家も道産子です。

少し時間を戻せば、子母澤寛、林不忘（長谷川海太郎）、久生十蘭、伊藤整、小林多喜二、八木義徳、船山馨、高橋揆一郎、三浦綾子、荒巻義男、宇能鴻一郎、原田康子とその層は一段と厚くなります。彼らの中で、故郷北海道を舞台にした作品を書いていないのは、未確認ですけれど、林不忘、京極夏彦の2人くらいじゃないかしら。

続いて二つ目の理由ですが、北海道は物語の舞台として道産子作家に限らず道外作家にも大変に人気があるんです。

前述の直木賞を受賞した『私の男』の桜庭一樹もそうですが、宮本輝『優駿』、重松清『カシオペアの丘で』、桐野夏生『柔らかな頬』（直木賞受賞作）、船戸与一『蝦夷地別件』、花村満月『私の庭』（蝦夷編・北海無頼編の二作）、白川道『最も遠い銀河』、村上龍『希望の星エクソダス』、村上春樹『羊をめぐる冒険』『ダンス・ダンス・ダンス』など、近年の作品だけでもこれだけ思い浮かびます。それに開拓ものも後を絶ちません。代表を二つだけあげれば有島一郎『カインの末裔』であり開高健『ロビンソンの末裔』です。

これって凄くないですか。「小説家、困ったときの北海道」と誰かがおしゃっていましたが、まさにその通りですよね。そういえば毎週のように、北海道を舞台にした西村京太郎などの原作、鉄道・温泉殺人事件がＴＶで放映されていますね。

三つ目に、いまは不人気の左翼作家の多さでも目を引きます。戦前は小林多喜二と本庄陸男、戦後は、のちに小樽文学館館長を務めた評論家の小河原克がいます。

▼漫画家を輩出する土壌

それだけじゃありません。北海道は漫画の世界においてはもっとスゴイんです。ノンストップでご紹介しましょう。

最近活躍する漫画家だけでも、テレビアニメ化で子どもたちにすっかりお馴染みになった『銀魂』の空知英秋や『鋼の錬金術師』の荒川弘、2008年に講談社漫画賞少女部門を受賞した『君に届け』で女学生を夢中にさせた椎名軽穂、対して男子高生をメロメロにした『最終兵器彼女』の高橋しん、壮大なSFファンタジー『イムリ』で09年の文化庁芸術祭マンガ部門優秀賞を受賞した三宅乱丈、「マンガ大賞2010」を受賞したギャグ漫画『テルマエロマエ』のヤマザキマリ。そしていま、筆者が大注目している『ゴールデンカムイ』の野田サトル。

さらに少し前に戻れば、映画がシリーズ化された『海猿』や『ブラックジャックによろしく』(02年文化庁メディア芸術祭マンガ部門優秀賞)など硬派作品で知られる佐藤秀峰、反町隆史主演でドラマ化もされた『GTO』(98年講談社漫画賞少年部門受賞)の藤沢とおる、北大獣医学部をモデルにしたといわれる『動物のお医者さん』の佐々木倫子が思い浮かびます。

そこにベテラン勢を加えるならば、『日出処の天子』の山岸凉子、『ルパン三世』のモンキー・パンチ、『ガンダム』のキャラクターデザインを手掛け、名作『虹色のトロッキー』を生んだ安彦良和、『はいからさんが通る』の大和和紀、『キャンディ・キャンディ』いがらしゆみこ、さらにいくえみ綾や寺沢武一、マニアックな人気を誇る吾妻ひでお、星野之宣、唐沢なをきなどを加えると、北海道出身作家だけで、巨大な漫画王国の地層ができあがってしまうのです(はー、疲れた)。

▼映画ロケ地としての可能性

これだけで驚いていてはいけません。北海道は映画やドラマのロケ地としても人気が高いのです。高倉健出演の映画といえば北海道舞台が定番ですし、黒澤明監督『影武者』の合戦シーンは勇払《ゆうふつ》原野、最近ではNHKのテレビドラマ『坂の上の雲』で旅順の戦場シーンのロケをサロベツ原野で行なっています。

さらに、中国国内で大ヒットを記録した2008年公開の中国映画『非誠勿擾』（邦題『狙った恋の落とし方』）や韓国ドラマの舞台として使われたことで、ロケ地巡りを目的としたアジアからの観光客が急増するなど、アジアの映像産業がもたらす影響も大きいのです。こうした背景もあってでしょう。平成23年12月、札幌市は日本で初めて、コンテンツ分野での地域活性化総合特区の指定を受けました。札幌がアジアにおけるコンテンツ産業の拠点になるべく、映像関連の国際マーケットや商談会、上映会などを開催し、世界へと様々なコンテンツを発信していくのが目的だそうです。

もちろん道内ロケ地を映画関係者に紹介し、実際の映画撮影時の公的許可や様々な手配を引き受けるフィルムコミッションも、「さっぽろ産業振興財団」の下で、函館、旭川、石狩、小樽、紋別、十勝など各地方に事務局を置き、様々な要望に対応する窓口ができています。2011年と13年に公開された『探偵はBARにいる』シリーズはこのFCを利用して撮られたものです。

でも、なにか物足りない。どうせなら、北海道らしく、もっと大胆に思い切った試みもできるのではないでしょうか。

２００8年のハリウッド映画で「アイ・アム・レジェンド」（ウィル・スミス主演）という映画があります。人類滅亡後にたった一人生き残った男の話なんですが、そのなかで印象的なのが、人っ子一人いないニューヨークの風景でした。実は、登場する無人の摩天楼などの街並みはすべて実写で、市の全面協力により街を封鎖して撮影されたのだそうです。

ニューヨーク市は70年代からフィルムコミッション（以下ＦＣ）を主要政策に置いており、ＦＣがもたらす経済効果は現在、年間50億ドルに達するといいます。

いっそのこと札幌市をニューヨーク市のような世界的な「映画特区」にするというのはどうでしょう。もちろん、特区申請は行政の手にゆだねられていますが、もし実現すればハリウッド規模のロケも可能になります。

札幌の街でカーチェイス撮影が行なわれるなんて、考えただけでワクワクするじゃないですか。北海道は国内外を問わず、映像作家たちを刺激する潜在的魅力があるのですから、もっと積極的にアピールすればいいのに、と思います。

第4章

北海道は日本じゃない!?

北海道独立論への誘い

▼底の知れない北海道

　ここまで北海道について言いたい放題語ってきましたが、むなしい気分にもなっているんです。というのは、ここまで語っても北海道のことを大雑把にしか伝えられないと感じるからです。道産子で紹介していない人たちは、まだまだたくさんいます。たとえば、J-POP界で活躍するすアーティストには、中島みゆき、GLAY、安全地帯、ドリカムの吉田美和がいます。ちーさまこと松山千春と鈴木宗男との友情についても、ひとこと言いたかったたし、大泉洋の所属するチームナックスは〈人間ゆるキャラ集団〉であるという珍説も披露したかったんです。

　あの企業もこの人もあの名産品も、あの食べ物も……と伝えたい事柄が次から次に浮かんできます。いえ、筆者の知らない凄い企業も、凄い人も、凄い名物もきっとあるんだろうと思います。つまりそれだけ北海道は広く、豊穣な大地なのです。まあ、日本の約5分の1の面積を占める島なのですから、他県と比較するにはスケールが違いすぎるんです。
以下の文章を読んで、そのスケール感を実感してください。

「私たちのために、彼らはわずかばかりの身の回りのものを鞄につめて〈津軽海峡〉を渡り、新しい生活を求めてきました。私たちのために、彼らは苛酷な労働に耐え、〈北部〉を拓き、鞭打ちに耐え、硬い大地を耕してきました。私たちのために、彼らは〈樺太〉や〈千島列島〉のような場所で戦い、死んでゆきました。繰り返しこれら男女は戦い、犠牲を捧げ、そして手の皮が擦り剥けるまで働いてきました。それは私たちがよりよき生活を送ることができるように彼らが願ったからです」

道民には泣けるこのフレーズの数々、道産子の筆者も北海道開拓の先達たちの苦労を実際みたわけではありませんけど、その過酷さは想像で追体験できます。だからこそ、この文章に感動するわけです。つまり道民が道民たるのは、この開拓者物語を遺伝子に持つかもたないかが分水嶺となるわけなんですよ。
実はこの文章、アメリカのオバマ大統領の就任演説を、筆者が〈 〉の部分だけ北海道仕様に変えたものなんです。どこかで聞いたことがあると思ったでしょ。北海道とアメリカは、開拓して築かれたという点だけみればとてもよく似てるんですよね。

▼北海道独立は幻想か？

この演説の翻訳は、内田樹『日本辺境論』から拝借したものですが、この本の中で内田氏は「アメリカ人の国民性格はその建国のときに『初期設定』されています。ですから、もしアメリカがうまくゆかないことがあったとしたら、それはその初期設定からの逸脱である。だから、アメリカがうまく機能しなくなったら、初期設定に戻せばいい。ここが正念場というときには、『私たちはそもそも何のためにこの国を作ったのか』という起源の問いに立ち戻ればいい」と述べ、このフレーズを紹介していました。

それに対して日本人は、「立ち帰るべき初期設定がない」とも語っています。でも、北海道人だけはいまだ共同幻想的に建国物語ってのが残っているんですよね。

この本の最初に紹介した梅棹忠夫先生を嚆矢《こうし》として、今も「北海道独立論」というのは、根強くあります。

その根拠としてよく引き合いに出されるのが、北欧の国々です。農業国で気候も似ていますし、人口はスウェーデンの900万人が多いものの、ノルウェー460万人、フィンランド530万人、デンマーク540万人と少なく、550万人の北海道でも一国として充分に成り立つ、というわけです。北海道の目指す国として北欧が語られることも、少なくありません。北欧といえば、福祉、教育制度の先進国として、日本の福祉や教育関係者たちがお手本にする国々ですよね。北欧諸国って、昔から日本の憧れなんです。でも、それを日本でやろうと思っても、1億3千人もいますからシステムとして機能させるのは簡単なことではありません。

でも北海道に限定すれば、そんなに難しくはないはずです。しかも食糧自給率が190パーセントもあるのですから、農水産業分野での国際貿易も可能ですし、観光国としても世界で充分通用します。

梅棹先生は、内地から入ってくる「商工業のあたらしいエネルギー」こそが、中央政府からの北海道独立独歩の道を歩む突破口を開く鍵だといいます。この論文が発表されてから40年が経ちました。確かに、これまで書いてきた北海道の様々な先進的取り組みをみると、まさに独立するための準備は整っているように感じられます。

制度上は北海道独立が理想的なのかもしれませんけれど、どうも心情的にはなんだかしっくりこないんですよね。北海道はいつもなにかあると、「開拓精神を忘れるな」だとか、「大志を抱け」だのと自らを鼓舞してきました。ほとんどマゾ的です。「試される大地」なんて自虐的テーマを受け入れたのも、開拓精神に立ち返れというメッセージをその中に聞いたからだと思います。

このマゾ的現象は、北海道の建国物語が、アメリカ人にとってのそれのように即効性がないからなのかもしれません。「絵に描いた餅」というか、「鰯の頭も信心から」というか、ほとんど実態がない形だけのもの、だからこそお念仏のように何度も何度も繰り返す必要があるんです。

▼北海道は日本の頭だ

でも、もし仮に北海道が日本から独立するとしましょう。では、そのあとに生まれる子どもたちは「日本人」なのか、それとも「北海道人」になるのか？　国籍一つとっても、考え始めると頭が痛くなってきます。こうした問題で混乱し不安になるのは、北海道人もそのアイデンティティは、あくまでも日本人に帰属するからです。一国家に一民族という幻想を連綿と持ち続けてきた日本人にとっては、簡単に割り切れない問題であり、先住民族であるアイヌとの軋轢の問題も、根っこはそこにあるわけです。

しかも、北海道独立後の日本の地図を想像してみてください。まるで頭のない胴体です。あたかも、アニメ映画「もののけ姫」の中で頭を切りとられた「でいだらぼっち」のようではないですか。失われた頭を求めてでいだらぼっちが暴れたように、日本も迷走してしまうかもしれません。北海道も孤立化の道を進む可能性がないとはいえないですよね。

北海道が「逆襲」できるのは、日本という国民国家のなかに北海道が存在するからこそなのです。「離脱」ではなく「自立・自律」する。これが中央に対して北海道がとるべき姿ではないかなと思います。道州制はその一歩という気がしますが、なかなか前に進みません。

いまの北海道は、飼い主に従順に飼い慣らされ、良質の毛並みの上から着心地の悪いペット服を着て散歩をさせられているペットに似ています。最初は少し肌寒いかもしれないけれど、思い切ってそんなお仕着せの服を脱いでみる。問題から逃げて得る自由より、それを克服して摑んだ自由のほうが、ずっと気分もいいはずだと思うのです。

▼殻を脱ぎ捨てよう

ずいぶんとエラそうに好き勝手なことを綴ってきました。何様かとお怒りの方もいるかもしれません。何様かと問われたなら、北海道人であり日本人であると答えるしかありません。ここに生まれ育ったんですから、その意味では何でもいえるはずと開き直っています。

でも、こうして書いてみると、北海道人という名の〈カタツムリの殻〉は、予想以上に固く頑固でした。そこからは、なかなか脱出できません。ならば、カタツムリ同士が「お前の殻へんだぞ」とか、「お前の殻は小さすぎ」とか、「お前の殻、装飾はきれいだけどつけすぎ」とか、もっと本音で言い合えばよいと思います。

そのうちに殻が進化して、ナメクジ（ホントにカタツムリの進化系なんですよ）のように消失するかもしれません。たとえが気味悪くて申し訳ないのですが、ナメクジくんは殻がなくなっても、平気で生きてますから、たいしたやつなんです（笑）。

最後に。さきほど、赤平市の植松氏のもとをインタビューの仕事で訪ねたといいました。そのとき、社屋の玄関に「開拓者精神と共に」というプレートが掲げられていました。筆者が開拓者とはどういう人間かと尋ねると、植松氏から「藪を漕いで歩く人」という答えが返ってきました。そして、「道のない藪を漕いでいく中で、こっちにいったら面白いよということを、リーダーはバンバンやるべきですよ」とも話してくれました。

北海道の笹藪はかなり深い。すぐ向こうにヒグマが潜んでいてもわからないくらいの高さがあります。でも、今回ご紹介した人々や事柄は、藪の向こうにヒグマがいる可能性とともに、果実の実った樹木やきれいな湖があることも教えてくれます。北海道は可能性だけはまだまだある。開拓者って、つまりは冒険者のことなんですよ。

あとがき

筆者の周囲を見渡すと、若い道産子たちの郷土意識はとても薄いようにみえます。こと歴史に関しては、ほとんど興味がないといっても過言ではないと思います。歴史が浅いという理由ではなく、むしろ眼の前に提示されても素通りしているように思えるのです。これはどういうことかなと考えるなかでヒントになった一冊の本があります。保坂正康氏の『最強師団の宿命 昭和史の大河を往く』(毎日新聞社)で、日本の近代戦において、最激戦地に投入された旭川第七師団の実態と陸軍上層部の作戦の欠陥と本質を詳細に追ったレポートです。

日清、日露、第一次、第二次大戦と戦争が続くなか、この師団は陸軍の中で真っ先に激戦地へ出兵させられます。札幌護国神社に、アッツ島、ノモンハン、メレヨン島、北千島で闘った兵士たちの慰霊碑がずらりと立ち並ぶのは、そういう理由からです。

ではなぜ、この師団は真っ先に前線に投入されたのか。保坂氏は、陸軍にとって旭川第七師団が「使い易かった」からだと指摘しています。それは、屯田兵に端を発するため、兵士たちの郷土意識が薄く、官主体で行動し、対ロ防衛のために厳しく訓練されていたからです。

北海道人とは、なるほど内地から移ってきた棄郷者の集まりからはじまっています。しかし、だからこそ郷土への想いは強く残るものだと思うのです。この師団が「使い易」かったのは、兵士たちに棄てた郷土への後ろめたさがあったからじゃないでしょうか。過酷な戦闘を厭わぬ動機づけになるほどの後ろめたさです。

北海道人特有といわれる執着心のなさとか寡黙さには、棄郷者であった先祖たちの負い目と諦念と屈折が深く関わっていると思います。ですから、そんな親の元で育った若い世代が郷土（北海道）に対して無頓着になるのは、仕方がないことなのかもしれません。

筆者も同様で、長いこと北海道にはなんの興味も抱いていませんでしたし、北海道を舞台にした小説など辛気臭くて読む気も起きませんでした。

しかし、数年前からコラムを連載するため、故郷を虫の目、鳥の目でみるという作業を繰り返すうちに、俄然、「北海道」が面白くなってきました。

そのなかで出逢った作家の一人に、吉村昭氏がいます。吉村氏は、北海道（蝦夷）の史実に基づいた小説を数多く書かれました。

氏の北海道にまつわる仕事を回顧した「吉村昭と北海道展」（於北海道文学館）に足を運んだ際、会場に掲げられていた氏のひと言に目が留まりました。「ある素材を得て執筆に入る時、私は『また蝦夷地か』と思う」——。僭越ながら筆者には、いま、この気分がよくわかります。

北海道は知れば知るほど「テーマ」の宝庫であり、そこに横たわる物語のダイナミックさゆえに飽きることがないと、実感することしきりなのです。本書は、筆者の見聞きしてきた北海道の一側面であり、これからもこの地に執して、日本を、世界を見る、考えるというスタイルを続けていきたいなと思っています。

本書を最後まで読んで下さった皆さんに感謝するとともに、「あなたの北海道」を再認識するきっかけとなれば幸いです。

なお、本書は、筆者にとって『なぜ、北海道はミステリー作家の宝庫なのか？』（鷲田小彌太共著・亜璃西社）に続く初の書き下ろし単著です。執筆の機会を与えて下さった鷲田小彌太先生、そして彩流社企画（言視舎に社名変更）の杉山尚次氏にお礼を申し上げます。本当にありがとうございました。

二〇一一年二月

井上美香

「逆襲」から5年後のいま思うこと――改訂版に寄せて

『北海道の逆襲』は、私にとって初の単著です。札幌という地方都市に生まれ、東京を含む中央(=日本?)を遠望しながら暮らしてきた私が、いつも感じてきたココとムコウとの違和感。この本を書く機会を与えられたとき、そのモヤモヤの正体を考える絶好の機会だと思いました。そして、それまで溜め込んでいたものを思い浮かぶまま、一気呵成に書いた本があと1週間で書店に並ぶ――そんなとき、あの東日本大震災が起こりました。

信じがたい光景がテレビ画面に映し出されるのを呆然と見ながら、脳裏をかすめたのは、これから書店に並ぶはずの自分の本のことでした。

私の書いた呑気で楽観的な地方論が無思慮で不謹慎に思え、いますぐにでも全部回収してしまいたい衝動に襲われたのです。

それでも1週間後、本は何事もなかったかのように書店に並びました。そして有り難くも買って読んで下さる方もいて、こそばゆいお褒めの言葉や冷や汗ものの厳しいご指摘などをいただきました。

あれから5年が過ぎました。

私の生活には、ほとんど変わりがありません。しかし、北海道を取り巻く状況は随分と変わりました。最大の要因は、福島の原発事故以降、日本のエネルギー政策の設計図が大きく変わったからです。それまで日本のエネルギー産業の未来を担うと思われていた原子力発電にノーが突きつけられ、にわかに注目されだしたのが自然エネルギーでした。放置されたままの広大な土地（工業団地）や暮らすには快適とはいえない北海道の厳しい自然環境は、まさにそうした自然エネルギー産業を推進させるには最適地だったのです。本書でもその一端を紹介しましたが、風力発電や太陽光発電・雪冷熱エネルギーのみならず、バイオマス・地熱・水力など、いまや北海道は再生可能エネルギーの天地です。将来的に送電網などのシステム整備さえ進めば（これが難しいのですが……）、自然エネルギーの国内最大の供給地になることはまちがいありません。

考えてみると、北海道にこれほどの期待が寄せられるのは、明治の開拓使設置以来のことかもしれません。もちろん、当時とは事情が大きく違います。いまの北海道は、未墾の大地ではありません。農業・林業・水産業はすでに道内各地の基幹産業であり、そのうえ北海道新幹線も開通。道内観光ブームは、工夫次第でまだまだ伸びる余地があります。現在の北海道は、「試される北海道」ではなく「試したい北海道」、つまりは売り手市場なのです。

日本広しといえど、第1次、第2次、第3次産業のすべてにわたりバランスよくカバーできる地域は、北海道しかありません。北海道独立論がいまなお叫ばれる理由もそこにあります。

前回のあとがきで私は、北海道は独立するのではなく「自立・自律」すべきと書きました。もちろん、いまもそう思っていますが、あの時にはそこに個人的な感情も含まれていました。中央と地方の逃れられない「主」と「従」の関係性です。つまり、モヤモヤは劣等感でもあったわけで、だからこそ「逆襲」、つまり劣勢からの反撃が必要だったのです。

でも、考えてみると、北海道にも「中央」があり「地方」がある。北海道から見れば「中央」と思えるところにも「地方」は存在します。日本だって、ヨーロッパ社会からみれば東の果ての辺境国です。「中心はここ！」とひとたび決定するや発生する、「周縁」と地理的ヒエラルキーの無限ループ……。

しかし、それとはまったく違う世界をすでに私たちは持っています。SNSは、地域や思想や国境を軽々と飛び越えて人と人とを繋ぎます。極端なナショナリズムはその反動の一端かもしれませんが、良くも悪くもネットの世界は、私たちの地理的なボーダーラインの意識を確実に変えました。その身軽さったらありません。

どの地域にもそれぞれに良さと欠点がある。足るところ足りないところ、共に補完し支えあう――、そんなオープンマインドをみんなで知恵を絞ってカタチにするのは気分がいい。リアリストはそれを夢想だと笑うでしょう。でもSNSも植松電気も、青函トンネルと北海道新幹線だって、メインストリームから外れた場所で生まれた夢（知恵）だったはずです。

どうであれ、小さな島国に生きるしかない私たちなんですから。

2016年1月

著者

参考文献

・『梅棹忠夫全集第七巻「日本探検」』（中央公論社）収録「北海道独立論」
・岩中祥史『札幌学』（新潮文庫）
・五十嵐太郎編著『ヤンキー文化論序説』（河出書房新社）
・角川歴彦『クラウド時代と〈クール革命〉』（角川書店）
・鷲田小彌太『夕張問題』（祥伝社新書）
・桑原 真人・川上 淳 共著『北海道の歴史がわかる本』（亜璃西社）
・川嶋康男『椅子職人―旭川家具を世界ブランドにした少年の夢』（大日本図書）
・植松努『ＮＡＳＡより宇宙に近い町工場』（ディスカヴァートゥエンティワン）
・「密着人間ドキュメント　ザ・経営者「どうせ無理」に挑戦状を叩きつけた男」『理念と経営』平成22年10月号（コスモ教育出版）
・小田稔『青い星を追って』（日経サイエンス社）
・遠藤功『未来のスケッチ 経営で大切なことは旭山動物園にぜんぶある』（あさ出版）
・坂東元『夢の動物園 旭山動物園の明日』（角川学芸出版）
・吉川良『血と知と地―馬・吉田善哉・社台』（ミデアム出版局）
・館和夫『川田龍吉伝』（北海道新聞社）
・記念冊子「函館千秋庵総本家・創業百五〇年の歩み」
・上条さなえ著・山中冬児イラスト絵本『お菓子の街をつくった男―帯広・六花亭物語』（文渓堂）
・島田ユリ『洋財神　原正市　中国に日本の米づくりを伝えた八十翁の足跡』（私家版）
・長島一由『フィルムコミッションガイド　映画・映像によるまちづくり』（WAVE出版）
・内田樹『日本辺境論』（新潮新書）

[著者紹介]
井上美香（いのうえ・よしか）
1963年北海道札幌市生まれ。フリーライター。著作『北海道人が知らない北海道歴史ワンダーランド』（言視舎）『なぜ、北海道はミステリー作家の宝庫なのか？』（「亜璃西社」）。

装丁………山田英春
DTP制作………勝澤節子＋REN

※本書は2011年3月彩流社から刊行された初版を増補・改訂したものです。

［増補・改訂版］
北海道の逆襲
眠れる"未来のお宝"を発掘する方法

発行日❖2016年2月29日　増補・改訂版第1刷

著者
井上美香

発行者
杉山尚次

発行所
株式会社言視舎
東京都千代田区富士見2-2-2　〒102-0071
電話03-3234-5997　FAX 03-3234-5957
http://www.s-pn.jp/

印刷・製本
㈱厚徳社

ISBN978-4-86565-046-4 C0336
JASRAC 出 1601086-601